셔틀콕의 황제
박주봉의 배드민턴

국립중앙도서관 출판시도서목록(CIP)

(셔틀콕의 황제) 박주봉의 배드민턴 /
박주봉 지음. -- 서울 : 삼호미디어, 2004
  p. ;   cm

ISBN 89-7849-293-2 03690

695.59-KDC4
796.345-DDC21   CIP2004000811

셔틀콕의 황제 박주봉의
배드민턴

박주봉 지음

Preface

　배드민턴 교본을 집필해보겠다는 생각은 1992년 바르셀로나 올림픽 이후 2년여 동안 한국체육대학교에서 지도자 생활을 할 때 처음으로 생각해보았다. 당시 원고 준비를 위해 국내 자료 수집은 물론 외국의 여러 배드민턴 서적을 찾아보고 자료를 준비하였던 기억이 난다. 그러나 1996년 애틀랜타 올림픽에 복귀하면서 다음으로 미루었던 것이 오늘에까지 늦어지게 되었다.

　전 국민의 넘치는 사랑을 받았던 현역 생활을 마감한 후 외국에서 보낸 오랜 지도자 생활은 나에게는 값진 경험이었다. 나는 이 책에 그 동안 영국과 말레이시아에서 지도자 생활을 하면서 배우고 느꼈던 부분을 담아 배드민턴을 시작하려는 분들과 하고 계시는 분들에게 보탬이 되고자 한다. 나아가 배드민턴의 보다 깊은 부분들까지 전해드림으로써 진정한 배드민턴의 묘미를 느끼길 기대해 본다.

　특히 이 책에는 배드민턴을 처음 시작하는 분들을 위한 기본기는 물론 엘리트 선수들이 중요시하는 부분도 같이 제시했다. 그리고 내가 선수 시절 겪었던 경험과 느낌들을 함께 소개함으로써 일반인 수준의 배드민턴과 엘리트 수준의 배드민턴을 같이 생각할 수 있는 좋은 계기가 되리라고 생각한다.

　끝으로 미흡하나마 이 책을 통해 많은 국제 대회 우승과 올림픽 금메달의 영광, 그리고 진정한 배드민턴인으로 성장하기까지 보이지 않는 곳에서 성원해주신 많은 분들께 보답하고 배드민턴의 앞날에 조그마한 도움이 되기를 바란다.

2004. 4 박주봉

Contents

Part 01 | 이것만은 알아두자

1. 코트의 구조 | 12

2. 기본 규칙 | 14
경기 형식 및 인원 …………………………………………………………14
최초의 서브권은 토스로 결정 …………………………………………14
동점일 때는 세팅 선택이 가능 …………………………………………14
체인지 엔드 …………………………………………………………………15
단식과 복식 경기에서의 서브 방법 ……………………………………15
복식 경기에서의 리시브 방법 …………………………………………16
기본적인 폴트 ……………………………………………………………16

3. 용품과 복장 | 20
라켓 …………………………………………………………………………21
셔틀콕 ………………………………………………………………………22
운동복과 신발 ……………………………………………………………23

4. 배드민턴 매너 | 24
경기 시작 전 ………………………………………………………………24
경기 진행 중 ………………………………………………………………25
경기 종료 후 ………………………………………………………………25

5. 기초 트레이닝 | 26
동호인들이 알아야 할 몇 가지 …………………………………………26
달리기와 줄넘기 …………………………………………………………29
이미지 트레이닝 …………………………………………………………30
박주봉의 生生 어드바이스-선수 시절 항상 명심했던 세 가지 ………31
박주봉의 生生 어드바이스-기억에 남는 훈련들 ……………………32

Part 02 | 기본 동작을 배우자

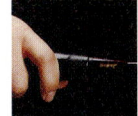

1. 그립 | 36
- 포핸드 그립 ·· 37
- 포핸드 그립 시 주의할 점 ··· 38
- 백핸드 그립 ·· 38
- 백핸드 그립 시 주의할 점 ··· 39
- 이스턴 그립 vs 웨스턴 그립 ··· 39

2. 손목 운동 | 40
- 올바른 손목 운동 방법 ··· 41
- 포핸드 손목 운동 방법 ··· 42
- 백핸드 손목 운동 방법 ··· 43

3. 스윙 | 44
- 포핸드 스윙 연습 방법 ··· 45
- 포핸드 스윙 연습 시 주의할 점 ·· 46
- 점프 스윙 연습 방법 ·· 48
- 라운드 스윙 연습 방법 ··· 50
- 라운드 스윙 연습 시 주의할 점 ·· 51
- 백핸드 스윙 연습 방법 ··· 52
- 백핸드 스윙 연습 시 주의할 점 ·· 53

4. 풋워크 | 54
- 풋워크의 기본 ·· 55
- 풋워크의 중요성 ··· 55
- 전위 풋워크 연습 방법 ··· 56
- 후위 풋워크 연습 방법 ··· 59
- 사이드 풋워크 연습 방법 ··· 62
- 풋워크 연습 시 주의할 점 ··· 66
- 박주봉의 生生 어드바이스-풋워크는 물 흐르듯이 자연스럽게 ············· 68
- 박주봉의 生生 어드바이스-납조끼를 입고했던 풋워크 연습 ················ 69

Contents

Part 03 다양한 기술을 익히자

1. 서브 | 72
    서브의 종류와 연습 방법 ·· 73
    박주봉의 生生 어드바이스-복식 서브의 세계적 추세 ···················· 79

2. 리시브 | 80
    롱서브 리시브 ·· 81
    숏서브 리시브 ·· 81
    서브 높이별 리시브 요령 ·· 82
    서브 리시브 폴트 ·· 82
    박주봉의 生生 어드바이스-빠른 스타트와 위압적인 준비 자세 ········ 83

3. 스트로크 | 84
    클리어 ·· 85
    박주봉의 生生 어드바이스-스트로크는 반복의 결정체 ················ 87
    스매시 ·· 88
    드롭샷 ·· 92
    박주봉의 生生 어드바이스-클리어, 스매시, 드롭샷은 하나같이 ········ 93
    헤어핀 ·· 94
    푸시 ·· 96
    언더 핸드 클리어 ·· 100
    드라이브 ·· 102
    박주봉의 生生 어드바이스-드라이브는 짧은 동작으로 ·············· 105
    사이드 원 점프 스매시 ·· 106

Part 04 필승 전략을 세우자

1. 공격 | 110
    네트 점령 ·· 110
    스매시의 역할 ·· 111
    드롭샷의 역할 ·· 112
    공격 후 신속한 다음 준비 ·· 112

신속한 예비 동작 …………………………………… 112
박주봉의 生生 어드바이스-아시아와 유럽 선수들의 공격 스타일 …… 113

2. 수비 | 114

수비도 공격 ……………………………………………… 114
수비의 기본은 준비 자세 ………………………………… 115
백핸드의 수비 범위 ……………………………………… 116
리시브의 원칙 …………………………………………… 117
스매시 수비 ……………………………………………… 117
상대방의 공격 위치에 따른 예비 동작 ………………… 119
벽치기 연습 ……………………………………………… 120
박주봉의 生生 어드바이스-말레이시아의 시덱 형제 조 …… 121

3. 포메이션 | 122

톱과 백(공격형) ………………………………………… 122
사이드 바이 사이드(수비형) …………………………… 123
다이애거널(혼합복식형) ………………………………… 123

4. 로테이션 | 124

공격형 로테이션 ………………………………………… 124
수비형 로테이션 ………………………………………… 126
혼합복식형 로테이션 …………………………………… 127
박주봉의 生生 어드바이스-환상의 로테이션 …………… 129

5. 상대 특징에 따른 대응 전략 | 130

1) 단식에서의 상대 특징에 따른 대응 전략 …………… 130
2) 복식에서의 파트너 특징에 따른 대응 전략 ………… 132
박주봉의 生生 어드바이스-과거와 현재의 복식 스타일의 차이 …… 134

Appendix | 136

1. 나의 배드민턴 인생 …………………………………… 138
2. 배드민턴 용어 사전 …………………………………… 152

PART 01

이것만은 알아두자

1. 코트의 구조
2. 기본 규칙
3. 용품과 복장
4. 배드민턴 매너
5. 기초 트레이닝

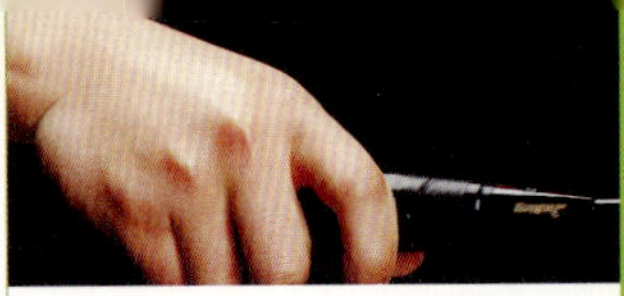

Introduction to Badminton

코트의 구조

단식과 복식에 있어서 코트의 라인은 차이가 있다. 코트의 크기와 각 부분의 명칭을 제대로 알아야 경기에 임할 수 있는 것은 당연하다. 아래에 설명하는 코트의 규격에 관한 사항들을 잘 숙지하기 바란다.

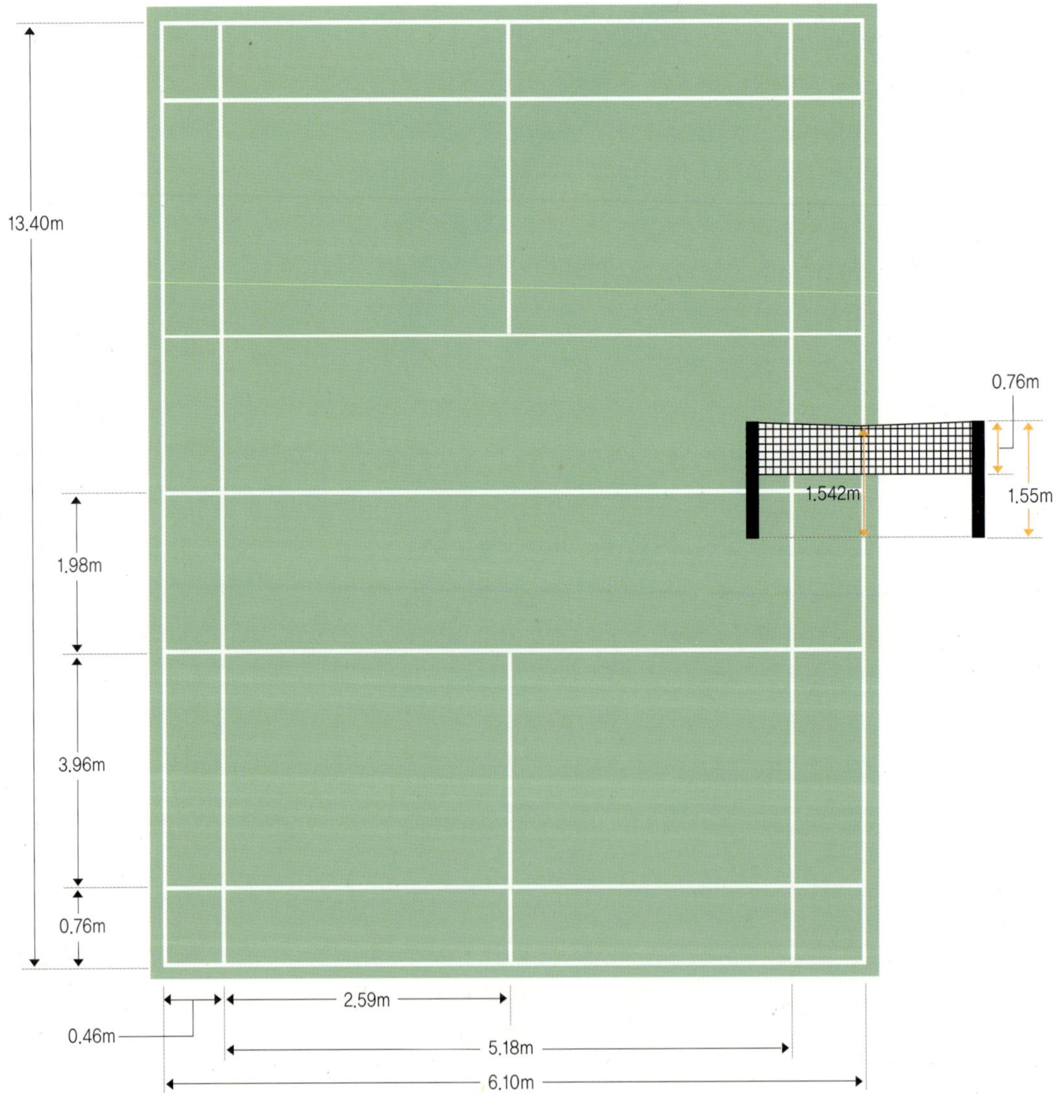

PART 1 이것만은 알아두자

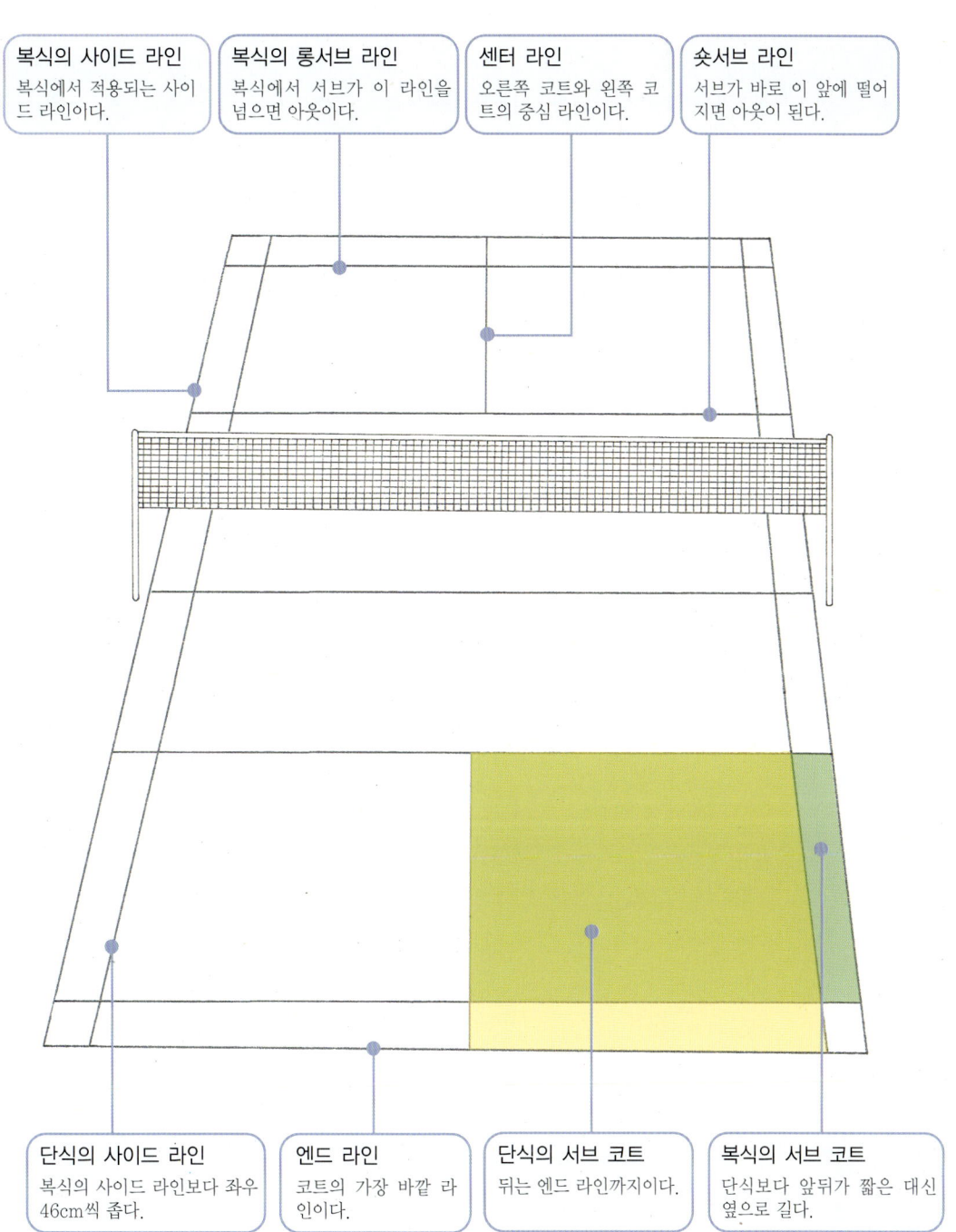

코트의 구조

기본 규칙

Introduction to Badminton

●● 경기 형식 및 인원

배드민턴은 남녀 단식과 복식 그리고 혼합복식 등 총 5가지로 나누어지며, 단식은 각 1명씩 경기를 하고 복식은 각 2명씩 조를 이루어 경기를 한다.

●● 최초의 서브권은 토스로 결정

경기 전 서브권이나 코트 중 하나를 선택할 권리를 결정하는 것을 토스(toss)라 한다. 토스 방법은 여러 가지가 있는데 보통은 셔틀콕을 던져서 셔틀콕의 코르크가 향한 쪽이 첫 서브권이나 코트를 선택하는 방식으로 한다. 배드민턴은 서브권이 있을 때만 포인트를 얻을 수 있으므로 일반적으로 서브권을 선택한다.

●● 동점일 때는 세팅 선택이 가능

한 게임에서 21점(초등부는 17점)을 먼저 획득한 편이 해당 게임을 이기게 된다. 만약 양팀이 20:20 동점일 경우(초등부는 16:16)에는 2점을 연속하여 득점한 편이 승리하며, 29:29(초등부는 24:24)인 경우에는 30점(초등부는 25점)에 먼저 도달한 편이 승리한다.

한 게임에서 이긴 쪽이 다음 게임에서 서브를 먼저 넣으며, 보통 3게임에서 2게임을 먼저 이기면 그 경기에서 승리하게 된다.

체인지 엔드

같은 조건에서 경기를 하기 위해 한 게임이 끝날 때마다 코트를 바꾸게 된다. 그리고 게임이 1:1이 되어 세 번째 게임을 할 경우에는 세 번째 게임의 시작 전에, 그리고 세 번째 게임 중 11점에 먼저 도달했을 때 코트를 바꾸게 되는데 이를 체인지 엔드(change end)라고 한다.

만약 체인지 엔드를 잊고 경기가 진행되다가 중간에 알게 되면 실수가 확인된 시점부터 또는 셔틀의 움직임이 없을 때 정정한다. 이 경우 그때까지의 포인트는 그대로 인정한다.

단식과 복식 경기에서의 서브 방법

단식 경기

서버의 점수가 짝수일 경우에는 오른쪽 서브 코트에서, 홀수일 경우에는 왼쪽 서브 코트에서 서브한다. 세팅을 했을 경우에도 그대로 적용된다.

복식 경기

복식에서는 우선 오른쪽 서브 코트에서 먼저 서브를 넣을 사람과 리시브 할 사람을 정해야 한다. 일반적으로 초보자가 오른쪽 코트에서 서브와 리시브를 먼저 하고 혼합복식의 경우에는 여자가 먼저 한다.

가령 해당 선수를 A, 파트너를 B라 하면 점수가 짝수일 경우에는 A는 오른쪽 서브 코트에서, B는 왼쪽 서브 코트에서 서브한다.

이 규칙은 세팅을 했을 때에도 적용되며 서브는 양쪽 서브 코트에서 교대로 넣게 된다. 파트너는 상대 서버나 리시버의 시야를 가리지 않는 한 어느 위치에 있어도 상관없다.

또한 한 게임에서 한 선수가 연속해서 서브할 수는 없다. 즉, 서브를 한 편이 랠리에서 진 경우에 서브권은 파트너(세컨드 서버)에게 넘어가고 또 다시 랠리에서 지게 되면 서브권은 상대편으로 넘어간다.

복식 경기에서의 리시브 방법

복식에서 리시버는 서브 리시브 코트 위치를 바꾸지 않고 서브할 때와 같은 코트에서 리시브 해야 한다. 가령 해당 선수를 A, 파트너를 B라 할 때 리시브하는 편의 점수가 짝수이면 A는 오른쪽 서브 코트에서 B는 왼쪽 서브 코트에서 리시브한다. 점수가 홀수일 경우에는 반대로 하면 된다. 반면에 상대편은 넘어오는 셔틀콕을 처리할 때 둘 중에 아무 선수나 칠 수 있으며 치는 위치도 제약이 없다. 그리고 리시브한 편에서 반칙을 하거나 리시브한 편의 코트 내에 셔틀콕이 떨어질 경우 서브한 편의 점수가 한 점 가산되고, 기존에 서브를 한 선수가 다시 서브하면 된다.

기본적인 폴트

드리블과 홀딩(dribble & holding)

가장 흔하게 범하는 실수가 드리블과 홀딩이다. 드리블은 라켓으로 셔틀콕을 두 번 이상 치는 것을 말하고 홀딩은 라켓 위에 셔틀콕을 얹은 채 이동하는 것을 말한다. 특히 홀딩은 셔틀콕에 스핀을 걸 때 자주 범하므로 주의해야 한다.

서브 에러

배드민턴은 라켓 경기 중에서 서브를 할 때 지켜야 할 사항들이 많은 것이 특징이다. 서브 시 유의할 사항은 다음과 같다.

첫째, 라켓 헤드가 그립 위치보다 낮아야 한다(핸드 오버, hand over). 둘째, 서버의 허리 높이보다 낮은 위치에서 서브해야 한다(웨스트 오버, waist over). 셋째, 발을 바닥에서 끌거나 떼면 안 된다(풋 폴트, foot fault). 넷째, 속임수를 쓰면 안된다(이중 동작, double motion).

PART 1 이것만은 알아두자

▲ 핸드 오버

▲ 웨스트 오버

▲ 풋 폴트

TIP 레트(Let, 경기 중단 및 무효)

레트는 돌발 상황 때문에 경기를 중단할 때 선언한다. 예를 들어 리시버가 준비되지 않은 상황에서 서브를 넣거나 경기 중 다른 코트로부터 셔틀콕이 들어와 경기를 방해할 경우 등이 해당된다. 레트가 선언되면 바로 전에 서비스한 선수의 서브권은 그대로 유효하며 다시 서브한다.

기본 규칙 · 17

네트 플레이 에러

배드민턴의 매력 중 하나인 네트 플레이를 할 때 지켜야 할 사항은 다음과 같다.

첫째, 라켓이 네트에 닿으면 안 된다(터치 더 네트, touch the net). 둘째, 셔틀콕이 네트를 넘어오기 전에 미리 치면 안 된다(오버 더 네트, over the net). 셋째, 발이 상대 코트로 넘어가면 안 된다(인터피어, interfere). 단, 셔틀콕을 치고 난 후 발이 상대편 코트로 넘어가는 것은 허용된다.

▲ 터치 더 네트

▲ 오버 더 네트   ▲ 인터피어

터치 더 보디 (touch the body)

셔틀콕이 라켓 외에 몸에 닿는 것을 터치 더 보디라고 하는데, 이것 역시 반칙이 된다. 따라서 공격 시 상대방의 몸을 노리고 치는 것도 좋은 공격이다.

더블 터치 (double touch)

복식 경기 중에 같은 편에게 토스를 하듯이 같은 편끼리 셔틀콕을 연속해서 치는 것을 더블 터치라고 하는데, 이것도 반칙에 속한다. 더블 터치를 고의적으로 범하는 경우는 거의 없지만, 강한 스매시를 맞았을 경우 자기 편의 라켓에 셔틀콕이 먼저 닿은 것을 모르고 치는 경우도 있다.

TIP 그 외에 폴트가 되는 경우

1. 서브로 넣은 셔틀콕이 코트의 서비스 라인에서 벗어났을 때
2. 셔틀콕이 네트의 위를 넘지 못하고 아래로 지나쳤을 때
3. 셔틀콕이 천정이나 벽에 닿았을 때

Chapter 03

Introduction to Badminton

용품과 복장

배드민턴을 하기에 앞서 올바른 복장과 용품을 갖추는 것이 기본이다. 복장을 갖추는 것은 활동을 편하게 해줄 뿐 아니라 에티켓을 지킨다는 의미도 담겨있다. 또한 용품 구입 시 지나치게 비싼 것을 구입하기 보다는 자신의 실력에 맞게 선택하는 것이 좋다.

라켓

배드민턴 용품 중에서 가장 중요한 것이 라켓이다. 여러 제품을 비교해보고 비용뿐만 아니라 자신에게 잘 맞는 사이즈와 무게 그리고 줄의 탄력과 밸런스 등을 고려하여 선택하도록 한다.

그립과 무게

라켓의 손잡이 부분을 그립이라고 한다. 가장 적합한 그립은 그립의 두께가 손에 잘 맞는 것이다. 그립이 너무 두꺼우면 손목을 자유롭게 이용할 수 없고 너무 작은 그립은 라켓을 잡을 때 팔과 손목에 무리한 힘이 들어가 테니스 엘보(팔꿈치 관절 주위에 생기는 통증)가 생길 수도 있다. 보통 초보자에게는 줄을 맨 라켓의 무게가 80~100g 정도인 것이 좋다.

탄력

줄(거트, gut)의 탄력은 팽팽하게 매거나 조금 느슨하게 매면서 조절할 수 있다. 줄이 라켓의 양 끝을 잡아당기는 힘을 텐션이라고 하는데, 이 텐션을 높이면 비교적 힘을 덜 들이면서 셔틀콕의 파워를 높일 수도 있지만 줄이 쉽게 끊어지거나 라켓이 망가지기 쉽다. 따라서 초보자에게는 보통 24~28파운드 정도의 텐션이 적당하다.

밸런스

줄을 맨 라켓을 검지와 중지의 끝에 올려놓고 양쪽의 밸런스가 맞는지, 헤드가 무거운지 가늠할 수 있다. 이때 무게 중심이 가운데에 오는 것이 좋지만 개인적으로 치기에 편한 것을 선택하면 된다. 저가일수록 헤드 부분이 무거운 경우가 많지만 고가의 가벼운 라켓도 파워를 싣기 위해 헤드에 일부러 무게를 줄 수도 있다.

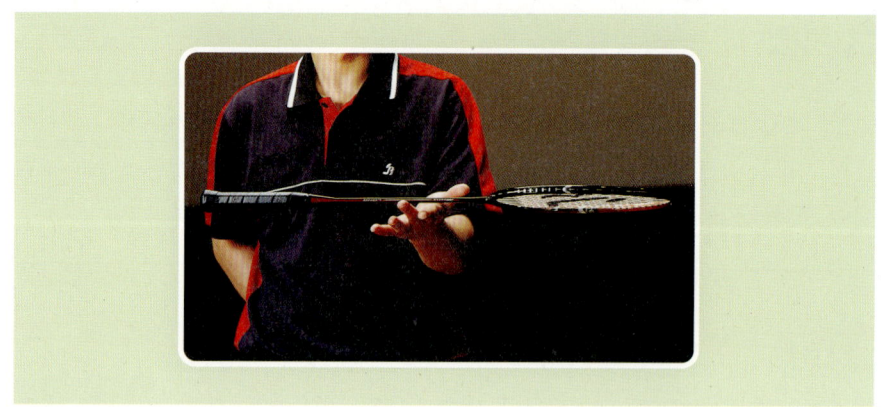

소재

어느 소재로 라켓을 만들었느냐에 따라서 알루미늄 라켓과 그라파이트(아연)-티타늄 라켓으로 구분할 수 있다. 알루미늄 라켓은 비교적 가격이 저렴해 주로 초보자나 어린이가 쓰기에 적당하고 운동을 꾸준히 하는 사람들은 그라파이트-티타늄 라켓을 많이 찾는다. 그러나 어느 소재로 만들었거나 상관없이 라켓끼리 서로 부딪히는 등 충격을 주면 쉽게 망가질 수 있다.

셔틀콕

코르크의 저항력이 높기 때문에 셔틀콕을 강하게 치면 순간 최고 스피드가 320km일 정도로 구기 중에 가장 빠르다. 하지만 깃털의 공기 저항 때문에 금방 스피드가 줄어들어 결국은 수직으로 낙하한다.

셔틀콕은 얇은 가죽을 입힌 반구형의 코르크 단면에 자연산 거위 깃털이나 인조 깃털 16개를 꽂아 만드는데 인조 깃털이 가격이 저렴해 널리 쓰인다. 야외에서는 플라스틱이나 나일론 재질을 주로 쓴다.

최고급 셔틀콕에 쓰이는 깃털은 살아있는 거위의 깃털을 뽑아야 하는데 한 마리에 14개밖에 안나온다고 한다. 게다가 왼쪽 깃털과 오른쪽 깃털의 휘어진 모양이 정반대여서 회전 방향을 일정하게 하려면 같은 쪽 깃털만으로 만들어야 한다. 결국 셔틀콕 하나를 만들기 위해서는 기본적으로 거위 3마리가 필요하다. 올림픽에서 경기당 보통 40개의 셔틀콕이 쓰이므로 한 게임을 치르려면 대략 60마리의 거위가 필요한 셈이다.

콕의 지름 및 무게
2.5~2.8cm
4.74~5.5g

날개 규격
16개의 선단에서 콕까지 6.2~7.0cm, 지름은 5.8~6.8cm

운동복과 신발

운동복은 움직이기 자유롭고 편한 차림으로 입으면 되지만 땀이 많이 나는 스포츠이므로 되도록 땀 흡수가 잘되는 옷을 입는 것이 좋다. 흔히 땀복이라고 불리는 보온복은 경기 전에 미리 체온을 높여 몸을 쉽게 풀 수 있고, 경기 중에 잠시 기다리거나 쉬는 동안에도 체온을 유지하는 데 많은 도움을 준다.

만약 클럽에 소속되어 있다면 소속감과 일체감을 위해 클럽명 등을 새긴 유니폼을 회원들끼리 맞추어 입는 것도 매우 좋다. 그리고 배드민턴 전용 복장을 갖추어 입으면 자신감도 북돋을 수 있다.

배드민턴은 움직임이 많고 민첩성과 유연성을 많이 필요로 하는 운동이어서 특히 발목이나 무릎 부위의 관절에 무리가 올 수도 있다. 때문에 바닥이 미끄럽지 않고 높지 않아야 한다. 모든 운동 종목의 전용 신발은 그 운동의 특성을 살리면서 발과 발목을 보호하도록 만들어지므로 되도록이면 배드민턴 전용 신발을 신는 것이 좋다. 덧붙여 스포츠 양말은 일반 양말보다 두껍기 때문에 배드민턴 신발을 고를 때는 양말의 두께를 감안하고 신발 사이즈를 선택해야 한다.

Chapter 04

배드민턴 매너

배드민턴은 단순히 셔틀콕만 치는 게임이 아니다. 서로 매너를 잘 지키는 것이 스포츠의 기본 정신이듯이 배드민턴도 규칙과 예절을 매우 중시한다. 배드민턴은 체력 소모가 매우 심하고 복식 경기를 주로 하는 것이 특징이다. 따라서 체력이 많이 소모되거나 파트너와의 호흡이 잘 맞지 않아 경기가 불리해질 때 예의에 어긋난 행동을 하기가 쉬우므로 주의해야 한다.

이제 경기 시작 전, 중, 후로 나누어 반드시 지켜야 할 배드민턴 매너에 대해서 알아보자.

경기 시작 전

- 경기를 시작할 때와 끝마칠 때 반드시 서로 인사를 나눈다.
- 크게 소리를 지르거나 상스러운 욕을 해서는 안 되고 아무리 감정이 격해지더라도 라켓을 던져서는 안 된다. 셔틀콕도 조심스럽게 다룬다.
- 개인적으로 운동 약속을 했으면 상대방보다 먼저 나가서 기다린다.
- 정식 경기의 경우 경기 시작 전에 출전자 명단을 미리 알려야 한다.
- 경기 진행자가 이름을 부르면 재빨리 코트로 나간다.
- 코트에서의 준비 운동은 허용된 시간 범위에서 한다.

경기 진행 중

- 게임 도중 셔틀콕이 바닥에 떨어지면 떨어진 쪽의 사람이 재빨리 집어서 제자리로 돌아와 상대방이 받기 쉽게 네트 위로 살짝 넘겨 보낸다.
- 체인지 엔드를 할 때는 연장자가 먼저 지나가도록 한다.
- 심판이 따로 없을 때는 서브를 넣기 전에 점수를 먼저 부르고 언제든지 양심적으로 신속하고 정확하게 '인'과 '아웃'을 큰 소리로 알려주고, 불분명할 때는 상대방에게 유리하게 한다. 그리고 셔틀콕이 떨어진 쪽의 판정에 따른다.
- 게임 중에 손이나 라켓으로 네트를 누르지 않는다.
- 게임 중에 파트너에게 잔소리를 하지 않는다.
- 게임 중인 코트의 옆이나 뒤로 다니지 않는다.
- 경기에 졌을 때는 상대방의 실력을 깨끗이 인정한다.
- 병이나 부상, 응급 상황의 발생 이외에는 경기 도중에 코트를 떠나지 않는다.
- 게임 중에 경련이 일어나거나 몸이 다쳤다면 상대방이 오래 기다리지 않도록 태도를 빨리 결정한다.
- 게임이 끝나면 그 경기의 진행을 맡은 심판과 대회 관계자에게 감사를 표한다.
- 어떠한 상황에서도 게임을 포기하지 않는 마음 자세를 갖고, 랠리에서 이겼다고 지나치게 좋아해서도 안 된다. 게임이 끝날 때까지 침착하게 최선을 다하는 자세로 경기에 임한다.

경기 종료 후

- 복식 경기 때 우리 편이 이겼으면 파트너가 잘해서 이긴 것으로 칭찬해 주고, 졌으면 내가 잘못해서 진 것으로 미안한 마음을 갖고서 화합하는 자세로 경기에 임해야 한다.
- 게임을 관람중일 때, 내가 응원하는 팀이 아닐지라도 상대방의 기술에 박수를 보낸다. 또한 상대방의 실수에 절대 박수를 치지 않는다.

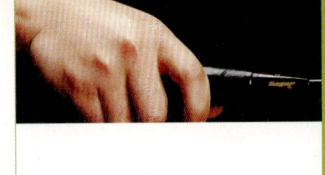

Introduction to Badminton

기초 트레이닝

동호인들이 알아야 할 몇 가지

준비 운동

선수들은 보통 충분한 준비 운동을 하고 본 운동에 들어가지만 동호인 대부분은 준비 운동을 거의 하지 않은 채 몇 분간의 스트로크 연습으로 준비 운동을 대신하고 경기에 들어가는 경우가 많다.

준비운동은 여러 가지 면에서 중요하지만 특히 부상을 방지할 수 있고 본 게임에서 자기의 실력을 처음부터 발휘할 수 있다는 점에서 매우 중요하다.

1. 어깨, 허리, 무릎, 발목, 손목, 목 등 먼저 신체 각 부위를 풀어준다.
2. 약 2~3분 정도 가볍게 조깅을 하거나 제자리에서 움직인다. 이때 일정한 자세로 조깅하는 것보다는 뒤로 뛰기, 사이드 스텝, 가벼운 점프 등 다양한 방법으로 뛰는 것이 좋다.
3. 스트레칭을 한다.
4. 스트레칭 후에 다양한 배드민턴 동작과 유사한 움직임을 하는 것이 좋다.
5. 라켓을 들고 약 5분 정도 기본 스윙과 풋워크 연습을 한다.
6. 각각 약 5분 정도 셔틀콕을 가지고 여러 스트로크를 연습한다. 이때 소요되는 시간은 동호인인 경우 약 15~20분 정도, 선수인 경우에는 20~30분 정도가 좋다.
7. 실제로 경기 때 사용되는 세부근육과 관절에 자극을 주어 본 경기를 준비한다.

정리 운동

경기 후에는 정리 운동을 반드시 하도록 한다. 경기 중에 무리가 간 부위는 반드시 풀어줘야 완벽한 몸 상태를 유지할 수 있다. 경기가 끝난 뒤 앉아 있다가 다음 경기에 그냥 들어가거나, 경기가 끝나자마자 가방을 싸서 귀가하는 것은 좋지 않다.

1. 편안하게 상체 힘을 뺀 상태로 조깅을 2~3분 정도 한다.
2. 준비 운동에서 했던 스트레칭을 가볍게 한다.
3. 다시 제자리에서 몸 전체에 힘을 빼고 가볍게 움직인다.

개인 운동

개인 운동은 실력을 늘려주는 효과도 있지만 더 중요한 것은 개인 운동을 통해서 자신감을 가질 수 있다는 것이다. 서브나 풋워크 등과 같은 동작들은 개인 시간을 많이 할애해서 연습을 해야 한다. 이 두 동작은 혼자서 충분히 연습할 수 있는 것들이기 때문에 경기에 임하는데 있어 많은 도움을 줄 것이다.

자만은 금물

본인이 열심히 했다고 생각할 때와 이만하면 저 사람을 이길 수 있다고 생각할 때가 가장 위험하다. 그 이유는 기대에 맞지 않는 결과가 나왔을 경우 포기하거나 흥미를 잃게 될 수도 있기 때문이다.

훈련받은 고급 기술들을 실전에 사용하기 위해서는 더 긴 시간이 필요하다. 근육 계통과 신경 계통이 한가지 동작을 완전히 익히기 위해서는 두뇌를 이용하여 암기하는 것보다 훨씬 더 긴 시간과 반복이 필요하다.

스트레칭

▲ 왼팔을 대각선으로 뻗고 오른팔로 왼팔을 감아 몸쪽으로 당겨 어깨 뒷부분을 풀어준다. 반대쪽도 반복한다.

▲ 파트너와 오른쪽과 왼쪽으로 돌며 허리를 풀어준다. 이때 양 발을 고정시키고 손바닥이 완전히 부딪치도록 한다.

◀ 오른다리를 곧게 펴고 자세는 낮춰 허벅지를 풀어준다. 왼다리도 반복한다.

▲ 양손을 무릎에 얹고 앉았다 일어나며 무릎을 풀어준다.

▲ 머리를 왼쪽으로 살짝 당기며 목을 풀어준다. 오른쪽도 반복한다.

▲ 앞꿈치를 고정시키고 발을 원모양으로 회전시켜 발목을 풀어준다. 오른발도 반복한다.

달리기와 줄넘기

배드민턴에서 중요한 것 중 하나가 하체의 힘이다. 하체의 힘이 좋아야만 낮게 날아오는 셔틀콕도 안정되게 받아 칠 수 있고 순발력 또한 좋아지기 때문이다.

특히 달리기가 하체 단련에 많은 도움을 준다. 달리기에는 적당한 스피드로 오래 달려 지구력을 강화시키는 장거리 달리기와 짧은 거리를 최대의 스피드로 달려 순발력과 민첩성을 강화시키는 단거리 달리기가 있다. 자신이 부족한 점을 파악하여 중점적으로 연습해보자.

또한 순발력과 지구력 등을 기르기 위해서는 줄넘기가 매우 효과적이다.

이미지 트레이닝

이미지 트레이닝이란 머리 속으로 코트를 그리고 상대방을 정해서 실제로 시합하는 것처럼 상상을 통해 경기를 운영해 나가는 것을 말한다. 이러한 이미지 트레이닝을 통해 전체적인 선수들의 움직임을 알 수 있을 뿐 아니라 상대방을 어렵게 만들 수 있는 빈자리로의 스트로크 등을 어떻게 해야 하는 가를 머릿속으로 그려볼 수 있으므로 실전에서 많은 도움이 된다.

이미지 트레이닝은 다음 순서로 한다.

1. 눈을 감고 편안히 눕는다.
2. 코트를 그리고 상대와 파트너도 그린다.
3. 실제 경기하는 것처럼 상상한다.
4. 셔틀콕을 상상으로나마 다양하게 스트로크 한다.
5. 최소한 10분 이상하고 20~30분 정도가 적당하다.

 ## 선수 시절 항상 명심했던 세 가지

국가대표로 있던 16년 동안 내 마음속에 깊이 새겨두고 연습했던 단어들이 있었다. 그것은 바로 목표, 성실, 반복이었다.

첫째, 목표란 동기부여였다. 뚜렷한 목표만이 훈련에 대한 집중력과 지루함을 이길 수 있는 힘을 주며, 강한 정신력을 키워나갈 수 있는 것이다. 훈련이 너무 힘들어 중도에 포기하고 싶다는 유혹이 생길 때마다 목표라는 단어를 되새기면서 다시 한 번 스스로 채찍질하곤 했다.

둘째, 성실이란 운동을 포함한 모든 부분에서의 내 인격이라 생각했다. 예를 들어 선수촌 합숙생활 중 가장 기본적인 것들인 훈련시간 전 준비, 훈련시간 후 정리, 정확한 식사시간, 취침시간 등등 짜여진 하루 일정을 성실하게 지켜나가는 것이다. 또한 휴가기간 중 집에 가더라도 변함없이 새벽에 일어나 조깅을 하고 스윙 연습, 풋워크 연습을 게을리 하지 않았던 것은 나 스스로에 대한 성실이었다.

셋째, 반복이란 세계 정상을 차지하고, 또한 지키기 위해 다른 어느 것보다 중요한 부분이었다. 선수촌에서의 반복에 반복을 거듭한 훈련이야말로 나 자신에게 큰 자신감을 심어주어 결과적으로 올림픽에서 금메달이라는 명예를 얻게 되었다.

 **기억에 남는 훈련들**

　지금은 배드민턴이 올림픽 정식 종목으로 금메달 획득과 세계선수권대회 및 각종 국제대회에서 좋은 성적을 올리는 우리 나라 체육의 효자종목으로써 체육회나 협회로부터 적극적인 지원을 받아 현재는 40명에 가까운 대표팀을 운영하고 있다.
　1980년 고등학교 1학년 때 국가대표가 되어 태릉선수촌에 입촌하였을 때 대표팀 인원은 고작 남자 4명, 여자 4명이 전부였다. 국가대표가 된 직후 선수촌에서 훈련하는 여건은 무척 열악하였으며, 비인기 종목이어서 받는 설움도 감내했어야 했다. 따라서 이러한 비인기 종목의 설움을 이겨내기 위해서는 오로지 국제대회에서 최고의 성적으로 보여주어 그만큼 체육회의 지원을 얻어내야 했다.
　은퇴하기까지 국제대회에서 수없이 우승하고 올림픽 금메달을 목에 걸기까지는 참으로 피눈물나는 훈련의 결과였다고 나 스스로 평가해 본다. 그 당시의 고통스럽고 힘들었던 훈련을 잠깐 소개해본다.
　말레이시아나 인도네시아와 같은 더운 나라로 시합을 하러갈 경우 현지 날씨에 적응하기 위해 경남 진해 선수촌에서 훈련을 했다. 당시 가건물 속에 들어가 3~4월임에도 불구하고 실내온도를 30도 가까이 올리기 위해 스팀을 틀어놓은 상태에서 줄넘기, 풋워크, 점프 등 체력훈련을 했다.
　또한 심폐기능을 강화하기 위해 겨울 인터벌 훈련 시 마스크를 쓰고 훈련했던 경우, 부산 송정해수욕장에서 다른 사람들은 데이트 할 때 그 큰 모래사장에서 지구력 훈련, 스피드 훈련, 풋워크 등 발이 모래에 파묻혀 빠지지 않을 정도의 체력

훈련을 하기도 했다.

 그리고 진해 선수촌에서 해병대들의 산악훈련 장소였던 천자봉을 1주일에 2번씩 오르내렸던 훈련, 태능선수촌 크로스컨트리 코스의 눈물고개, 정신력 강화를 위해 상무부대에 입소하여 1주일동안 군인과 똑같은 내무생활과 공수부대 훈련, 유격훈련 등 정신력과 담력을 키우는 특별 훈련을 실시하기도 하였다.

 그밖에 여러 가지 힘든 훈련이 많았지만 일일이 나열하기에는 너무나 많기에 생각나는 힘들었던 훈련을 소개해 보았다.

 이렇듯 선수 생활에서 느꼈던 점을 종합해 볼 때, 배드민턴을 잘하기 위해서는 배드민턴을 잘 치는 것에 국한되는 것이 아니라 정신력과 체력, 기술이 함께 어우러져야 만이 최고의 선수가 될 수 있다고 본다.

PART 02

기본 동작을 배우자

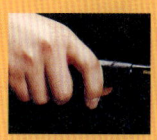

1. 그립
2. 손목 운동
3. 스윙
4. 풋워크

Basic Movement

그립 Grip

Chapter 01

배드민턴은 라켓을 가지고 하는 운동이므로 라켓을 올바르게 잡는 것이 가장 기본이면서도 중요하다. 라켓을 이용하는 모든 종목의 운동은 라켓을 바르게 잡아야만 올바른 자세를 잡을 수 있고 정확한 스트로크와 다양한 기술을 구사할 수 있게 된다. 그래야만 실력을 향상시킬 수 있고 상급자로 가는 길이 수월해진다.

하지만 대부분의 초급자들은 그립의 중요성이나 그립 잡는 방법에 별로 신경을 쓰지 않는 경향이 있다. 학교 운동장이나 공원, 약수터 등지에서 라켓을 무작정 잡고 쳤듯이 마음대로 쥐고 치는 경우가 대부분이다. 이러한 그립법은 처음에는 자신에게 편할 수도 있지만 초급 단계를 벗어나 중·상급 단계로 올라갈 때 스스로 한계에 부딪치게 된다. 왜냐하면 백핸드 스트로크가 부자연스럽고 손목 활용을 제대로 못해 다양한 기술을 구사할 수 없기 때문이다.

한번 몸에 벤 습관은 고치기 힘들듯이 그립도 처음에 잘못 잡고 치게 되면 나중에는 고치기가 상당히 어렵다. 그러므로 주변의 도움을 구해서 그립 잡는 법을 처음부터 제대로 익혀야 한다.

포핸드 그립

포핸드 그립은 라켓면을 세운 상태에서 마치 악수를 하듯이 잡는 것이 기본이다. 처음에는 라켓면을 세워서 잡는 것이 어색하기 때문에 과연 셔틀콕을 제대로 칠 수 있을까 하는 생각이 들 수도 있다. 그러나 이것이 바로 배드민턴에서 그립을 잡는 기본 자세이며 이스턴 그립이라고 부른다.

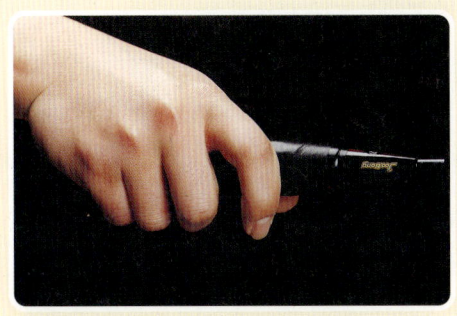

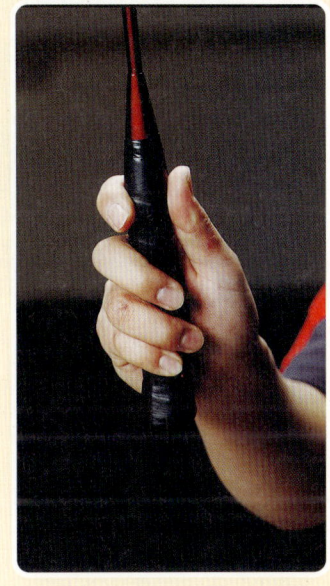

- 그립을 잡을 때 악수하듯이 편하게 잡는다.
- 약지와 새끼손가락은 그립에 가볍게 댄다.
- 중지로 그립 밑부분을 받쳐주고 엄지와 검지에 살짝 힘을 주고 잡는다.

∷ 포핸드 그립 시 주의할 점

그립을 잡을 때 엄지가 검지를 덮으면 포핸드 그립에서 백핸드 그립으로 바꿀 때 신속하게 할 수가 없다. 또한 그립을 너무 세게 잡아도 포핸드와 백핸드를 자연스럽게 전환하는 데 방해가 된다. 그러므로 엄지와 검지가 자유롭게 움직일 수 있도록 잡아야 한다.

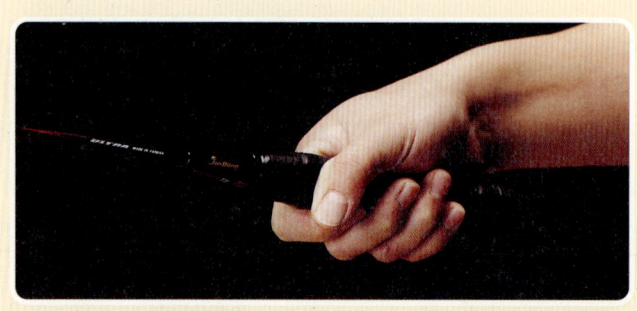
▲ 엄지가 검지를 덮지 않도록 한다.

∷ 백핸드 그립

백핸드 그립은 포핸드 그립에서 엄지의 방향만 바꿔주면 된다. 포핸드 그립 상태에서 엄지를 라켓의 그립과 같은 방향이 되도록 한다. 이때 엄지는 밀어주고 검지는 당겨주어 힘이 들어갈 수 있도록 그립하면 된다.

▲ 백핸드 그립

백핸드 그립 시 주의할 점

백핸드 그립 시 엄지를 지나치게 위로 들어올려서 잡는 경우를 가끔 볼 수 있다. 이런 경우에는 손목을 자유롭게 꺾을 수 없고 스윙이 똑바로 되지 않아 셔틀콕의 코르크 부분이 라켓면에 맞을 때 깎이듯이 스윙된다. 그러므로 백핸드 그립 시 엄지의 위치에 유의하도록 한다.

▲ 엄지를 지나치게 올려 잡지 않도록 한다.

이스턴 그립 vs 웨스턴 그립

사진과 같이 라켓면이 정면으로 보이도록 잡는 것을 웨스턴 그립이라고 한다. 올바른 그립법은 라켓면의 테두리가 보이도록 잡는데 반해 이 그립은 라켓면이 정면으로 보인다.

일반적으로 웨스턴 그립을 하지 않는 이유는 다음과 같다. 첫째, 포핸드 그립에서 백핸드 그립으로의 전환이 느리다. 둘째, 손목의 움직임이 자유롭지 않아 다양한 기술을 구사할 수 없다. 따라서 올바른 자세가 나오지 않는다.

▲ 웨스턴 그립 모습

처음에는 라켓면을 세워서 잡는 것이 어색해서 웨스턴 그립을 잡고 치기 쉽다. 그러나 웨스턴 그립은 하루 빨리 고치도록 노력해야 한다. 물론 이렇게 잡으면 단기간에는 잘 칠 수 있을지는 몰라도 스스로 실력 향상의 한계를 느끼게 되므로 적합하지 않다.

Chapter 02

Basic Movement

손목 운동

　배드민턴은 손목 이용이 매우 중요한 운동이다. 손목을 이용하지 않고 무조건 세게 스윙하면 어깨에 무리만 가고 셔틀콕이 멀리 날아가지 않는다.

　반면에 선수들은 힘들이지 않고 가볍게 치지만 셔틀콕이 상당히 멀리 날아가는데 그 비밀은 바로 손목의 힘에 있다. 임팩트 순간에 손목을 순간적으로 꺾어 치기 때문에 있는 힘껏 스윙을 하지 않아도 손목의 힘으로 셔틀콕이 멀리 날아가는 것이다. 그러므로 입문했을 때부터 손목 운동을 열심히 해서 손목의 힘을 기르면 어깨의 힘을 빼고 가볍게 칠 수 있게 될 것이다.

　손목 운동으로 얻을 수 있는 효과는 첫째, 언더 클리어나 수비할 때 도움이 된다. 둘째, 드라이브 할 때 도움이 된다. 셋째, 스윙에 파워가 실리고 스윙 스피드가 빨라진다.

　다음에 소개하는 손목 운동은 포핸드와 백핸드로 구분되어 있다. 일반적으로 백핸드 스윙 시 손목 힘이 약해지므로 백핸드 손목 운동에는 특히 더 신경쓰기 바란다.

올바른 손목 운동 방법

선수들과 일반인들의 차이는 손목의 힘이라고 해도 과언이 아니다. 선수들은 어릴 때부터 손목 운동을 해왔기 때문에 스윙 스피드가 좋을 뿐만 아니라 셔틀콕을 직선, 대각선 등 원하는 방향으로 자유자재로 컨트롤 할 수 있다.

손목 운동만 열심히 해도 스윙 스피드의 향상은 물론 다양한 기술을 구사할 수 있게 된다. 단, 처음부터 너무 무리하게 손목 운동을 하면 부상의 염려가 있으므로 너무 무거운 기구로 하지 않기를 당부한다. 라켓만으로 가볍게 스윙 연습 횟수를 늘려도 충분한 효과가 있으므로 무리하지 않아도 된다.

라켓을 잡고 손목 운동을 많이 하게 되면 자연스럽게 그립도 올바르게 잡게 된다. 손목 운동은 다음과 같은 요령으로 한다. 첫째, 그립을 바르게 잡고 손목을 정확하게 이용하면서 연습한다. 둘째, 팔을 쭉 펴고 고정시킨 채 손목만을 이용한다. 셋째, 백핸드 손목 운동 연습 시에는 오른발을 앞으로 내딛고 연습한다. 넷째, 연습은 빠르게 하되 횟수를 많이 반복해야 하고, 매일 꾸준히 해야만 더욱 효과적이다.

TIP 손쉬운 손목 운동 방법

나 역시 현역 시절에 손목 운동을 게을리하지 않았다. 평소 훈련 때는 물론이고 집에 있을 때도 닥치는 대로 손목 강화 운동을 했다. 가령 집에서 악력기, 맥주병, 아령 등 손목 힘을 기르는 데 도움이 되는 물건이면 가리지 않고 손목 힘을 기르는 데 사용하곤 했다. 어느 정도 손목 운동이 된 후 라켓 커버를 씌우고 연습을 하면 손목의 힘이 빨리 강해진다.

포핸드 손목 운동 방법

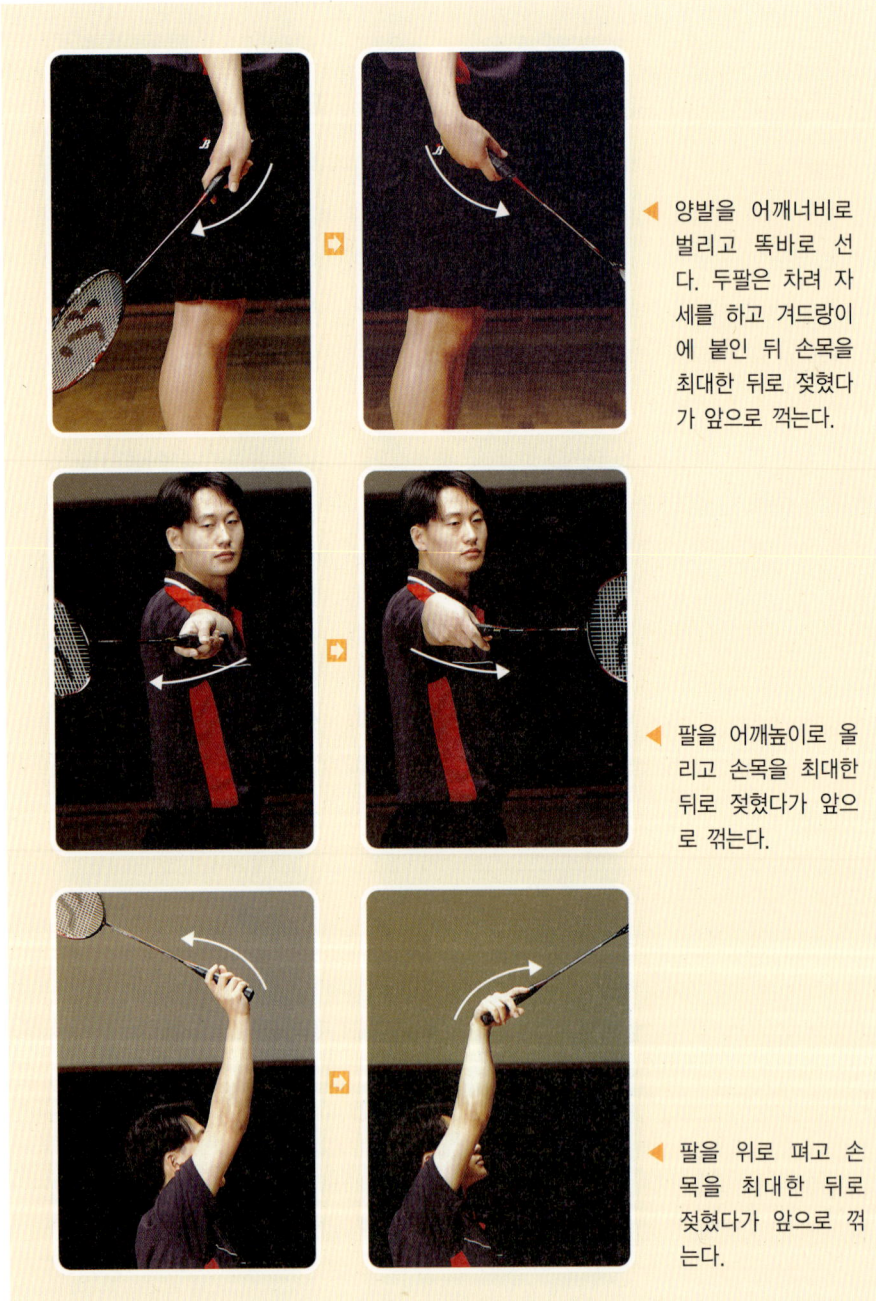

◀ 양발을 어깨너비로 벌리고 똑바로 선다. 두팔은 차려 자세를 하고 겨드랑이에 붙인 뒤 손목을 최대한 뒤로 젖혔다가 앞으로 꺾는다.

◀ 팔을 어깨높이로 올리고 손목을 최대한 뒤로 젖혔다가 앞으로 꺾는다.

◀ 팔을 위로 펴고 손목을 최대한 뒤로 젖혔다가 앞으로 꺾는다.

백핸드 손목 운동 방법

◀ 백핸드 그립을 잡고 오른발을 앞으로 약간 내딛는다. 팔을 아래로 내려서 손목을 몸 쪽으로 꺾었다가 최대한 바깥쪽으로 젖힌다.

◀ 오른발을 앞으로 약간 내딛고 팔을 어깨 높이로 올린다. 손목을 몸 쪽으로 꺾었다가 최대한 바깥쪽으로 젖힌다.

◀ 오른발을 앞으로 약간 내딛고 팔을 위로 올린다. 손목을 안쪽으로 꺾었다가 최대한 바깥쪽으로 젖힌다.

Basic Movement

스윙 Swing

'스포츠는 폼이 중요하다'라는 말이 있다. 이것은 단순히 보여지는 자세가 멋져야 한다는 것을 의미하지는 않는다. 어떠한 스포츠든지 올바른 자세를 익혀야 그 운동에 대해서 어느 정도의 수준까지 올라갈 수 있다. 또한 자신보다 실력이 부족한 사람에게도 정확한 자세를 가르쳐 줄 수 있다.

배드민턴을 시작할 때 가장 집중해서 배우고 연습해야 하는 부분이 정확한 스윙 자세다. 처음에는 그립은 물론 자신의 스윙 자세가 어떠한가를 꼼꼼히 생각하지 않는 경향이 있다. 그러나 자세가 어떻든 간에 잘 치면 그만이라고 생각한다면 시간이 지날수록 실력에 한계를 느끼게 되고 흥미도 떨어진다.

처음에는 자세의 중요성을 잘 모르겠지만 시간이 조금씩 지나고 배드민턴의 재미와 묘미를 느꼈을 때는 정확한 스윙 자세가 중요하다는 것을 절실하게 깨닫게 될 것이다. 한번 몸에 익은 잘못된 자세는 쉽게 고치기 힘들기 때문에, 처음부터 반드시 정확한 스윙 자세를 익히고 배드민턴을 즐기길 바란다.

스윙을 할 때에는 공을 던지듯이 어깨가 자연스럽게 돌아가도록 하는 것이 가장 중요하므로 연속된 구분 동작이 자연스러워지도록 연습을 많이 해야 한다.

포핸드 스윙 연습 방법

앞에서 언급하였듯이 스윙 자세는 매우 중요하다. 이제부터 소개하는 스윙 연습 방법을 반복하여 정확한 자세를 익히도록 하자.

올바른 자세를 익히기 위해서 구분 동작으로 천천히 연습한다. 스윙은 준비 자세, 백스윙, 임팩트, 마무리 등 총 네가 지 동작으로 구분되는데, 자세를 완전히 익힐 때까지 단계별 동작에 신경 쓰면서 꾸준히 연습한다. 거울로 자신의 자세를 보면서 연습하는 것도 효과적이다.

1 준비 자세를 취한다. 왼발을 조금 앞으로 내딛고 양팔은 구부려서 그립이 가슴 높이에 오도록 한다. 이것이 스윙의 기본 자세이다.

2 어깨와 팔꿈치를 뒤로 당기면서 상체를 오른쪽으로 열어 백스윙 자세를 취한다. 이때 라켓면이 돌아가지 말고 앞을 향해야 한다. 시선은 셔틀콕을 향한다.

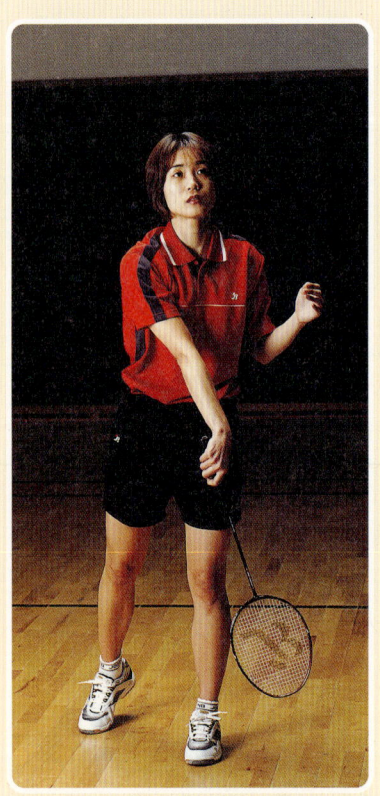

3 셔틀콕을 자연스럽게 친다. 셔틀콕이 맞는 순간 손목의 힘을 최대한 활용하여 순간적으로 꺾어 친다.

4 임팩트 후에는 스윙하던 대로 자연스럽게 팔을 내린다.

포핸드 스윙 연습 시 주의할 점

스윙 연습 시 주의할 점은 크게 세 가지가 있다. 첫째, 그립을 바로 잡아야 한다. 둘째, 백스윙 과정에서 라켓면이 돌아가지 않도록 해야 한다. 이 부분이 초보자들이 가장 많이 실수하는 부분이다. 셋째, 백스윙에서 임팩트까지의 과정 중 파워를 싣기 위해 라켓을 등뒤에서 원을 크게 그리고 돌아 나가도록 해야 한다. 이것이 잘 안 될 때는 공 던지는 연습을 많이 하거나 공중에 끈으로 셔틀콕을 매달아 놓고 스윙 연습을 반복하면 좋다.

▲ 백스윙을 작게 하면 파워가 약해진다.

▲ 백스윙을 할 때 큰 원을 그리듯이 크게 해야 파워가 실린다.

▲ 백스윙 시 라켓면이 돌아가지 않도록 한다.

▲ 백스윙 시 라켓면이 그대로 이동해야 한다.

점프 스윙 연습 방법

점프 스윙은 셔틀콕이 높게 날아올 때 제자리에서 다리 바꾸어 점프하면서 하는 스윙이다. 점프 스윙을 많이 하다보면 머리 뒤로 날아가는 셔틀콕에 대한 대처 능력이 향상될 뿐만 아니라 스트로크 후에 다음 동작을 빨리 준비할 수 있게 된다.

점프 스윙 자세

1. 오른발을 뒤로 크게(약 80cm) 벌려 딛고 몸 전체의 중심을 뒤쪽으로 이동시킨다. 이때 시선은 날아오는 셔틀콕을 향한다.
2. 오른발을 딛고 살짝 점프하며 백스윙을 한다.
3. 스윙 후 왼발로 착지하고, 오른발은 착지한 후 원래 있던 자리로 이동시킨다. 다시 왼발을 오른발 옆으로 이동시켜 원위치로 돌아와 준비 자세를 취한다.

점프 스윙 풋워크

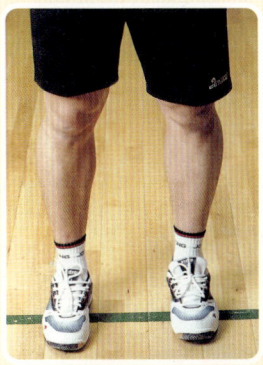

1 준비 자세를 취한다.

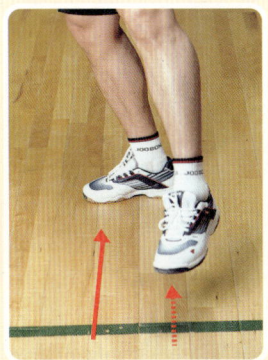

2 준비 자세에서 오른발을 뒤로 크게 벌려 딛는다. 이때 몸의 중심을 뒤로 이동시킨다.

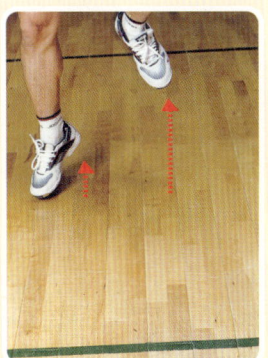

3 뒤로 짚은 오른발을 딛고 점프하며 스윙한다.

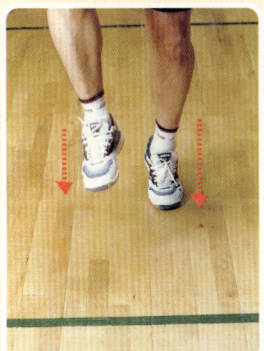

4 스윙 후 왼발로 착지한다.

5 오른발을 원위치 시킨다.

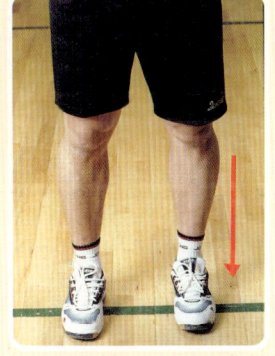

6 왼발도 오른발 옆으로 원위치 시킨다(준비 자세).

TIP 착지 동작 시

한 동작씩 구분한다면 왼발 착지 후 오른발 착지가 이루어지나 연속 동작으로 이루어질 경우 거의 동시에 떨어지는 느낌이다.

라운드 스윙 연습 방법

라운드 스윙은 허리를 옆으로 기울여 뒤쪽으로 날아오는 셔틀콕을 포핸드로 받아치는 스윙이다. 라운드 스윙은 허리를 기울여 비스듬히 치므로 셔틀콕을 정확하게 치는 것이 관건이다.

1. 양발을 벌리고 허리를 왼쪽으로 약간 기울이면서 라켓을 머리 위쪽에 들고 준비 자세를 취한다.
2. 허리를 왼쪽으로 더욱 기울이면서 라켓을 머리 위로 올려 스윙한다.
3. 스윙 방향대로 스윙 후 다시 준비 자세를 취한다. 이때 바닥쪽으로 치지 않도록 주의한다.

라운드 스윙 연습 시 주의할 점

자세가 비스듬해지므로 자칫하면 셔틀콕을 코트 바닥 쪽으로 칠 수도 있다. 몸의 균형이 흐트러져도 스윙 시 라켓을 아래로 내려치지 말고 네트를 넘길 수 있도록 치는 것에 주의한다.

▲ 임팩트 시 네트를 넘긴다는 생각으로 친다.

▲ 자세가 비스듬하다고 해서 바닥쪽으로 내려치면 안된다.

백핸드 스윙 연습 방법

백핸드 사이드로 오는 셔틀콕을 백핸드로 받아치는 스윙이다. 백핸드는 포핸드보다 파워와 스피드를 싣기 힘들기 때문에 꾸준한 손목 운동이 필수적이다.

1 오른쪽 발을 크게 내딛으며 상체를 왼쪽으로 돌린다. 이때 오른쪽 팔꿈치를 왼팔 가까이 가져간다. 특히 팔꿈치를 높게 유지하는 것에 신경쓴다.

2 오른발에 체중을 두고 스윙을 시작한다. 이때 라켓 헤드는 아래에서 위로 휘두른다.

3 라켓을 수직으로 세운 상태에서 임팩트하는 것이 가장 좋다. 임팩트하는 순간 손목만 짧고 빠르게 움직여 스윙한다. 스윙 후 다시 원위치로 돌아와 준비 자세를 취한다.

백핸드 스윙 연습 시 주의할 점

팔꿈치가 앞으로 나오면 강한 스윙을 하지 못하므로 팔꿈치가 앞으로 나오지 않도록 주의한다. 그리고 팔 전체로 스윙하지 말고 임팩트 순간에 손목을 이용하여 타구해야 파워와 스피드를 실어줄 수 있다.

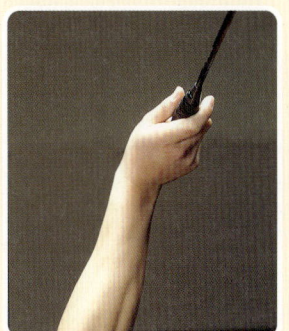

▲ 임팩트 순간 손목을 꺾어 친다.

▲ 팔꿈치가 나오지 않도록 유의한다.

TIP 처음 한달간은 스윙 자세만 신경써라

배드민턴 입문 후 보통 한달 동안에 잡힌 스윙 자세가 계속 유지되는 경우가 매우 많다. 왜냐하면 동호인들은 스트로크와 게임은 즐겨 하지만 잘못된 스윙 자세를 교정하는 데는 그다지 신경을 쓰지 않기 때문이다. 그러므로 한번 몸에 익은 자세가 계속 유지되는 것이다. 반면에 선수들은 처음에 자세가 이상해도 스윙 연습을 다년간 매일 연습하기 때문에 언젠가는 정확한 자세가 잡힌다.

그러므로 입문 후 초기에는 스트로크나 게임보다는 일단 정확한 스윙 연습을 많이 하는 것이 바람직하다. 당분간은 재미없고 지루해도 앞으로는 즐겁고 재미있게 되리라 확신한다.

Basic Movement

풋워크 Foot Walk

배드민턴은 언뜻 보기에 강하고 빠른 스윙이 가장 중요하게 보인다. 그러나 배드민턴을 조금이라도 치다보면 손이 아닌 발로 하는 운동이라 해도 과언이 아니다라는 말이 실감날 것이다. 그만큼 코트에서 누가 더 자유자재로 잘 뛸 수 있느냐에 따라 승패가 판가름난다고 볼 수 있다.

풋워크란 양발의 조직적인 움직임을 말한다. 셔틀콕이 떨어지는 곳으로 얼마나 신속하게 움직여 스트로크를 하고, 다시 홈포지션으로 되돌아올 수 있느냐 하는 것이 풋워크의 관건이다. 게임 내내 셔틀콕을 따라 코트의 중앙에서 전후, 좌우로 이동하기 때문에 아무리 강력하고 정확한 스트로크가 가능해도 올바른 풋워크가 뒷받침되지 않으면 효율적인 스트로크를 할 수 없다.

실제 경기에 있어서 풋워크는 대부분 2~4보 정도의 스텝으로 이루어지므로 상황에 따라 적절한 스텝과 민첩성, 순발력 등이 요구된다. 처음부터 스트로크나 게임만 하지 말고 풋워크 연습을 꾸준히 하여 더욱 수준 높은 경기를 할 수 있기 바란다.

풋워크의 기본

배드민턴 코트의 가장 중심이면서 코트 모서리를 잇는 대각선이 교차하는 지점을 홈포지션이라고 한다. 홈포지션은 풋워크에 들어가기 전에 기본이 되는 곳으로, 셔틀콕이 전후, 좌우 어느 방향으로 날아오더라도 모두 받아칠 수 있는 위치이다.

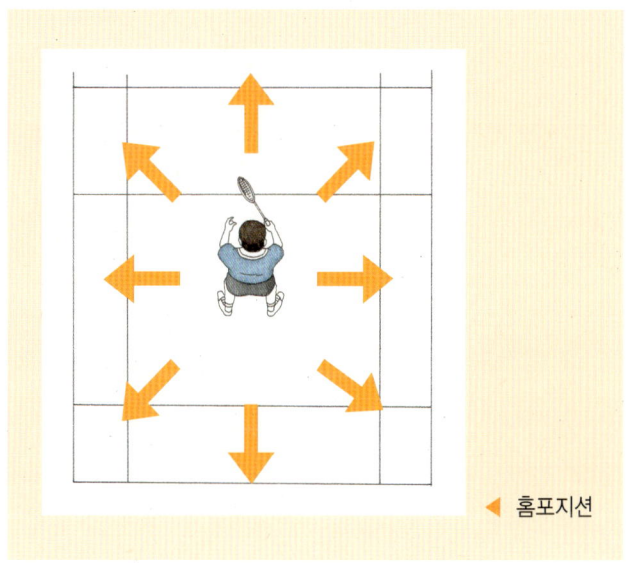

◀ 홈포지션

풋워크의 중요성

풋워크의 중요성은 클럽에서 코치와 동호인과의 게임을 보면 쉽게 느낄 수 있다. 특히 게임을 관전할 때 풋워크만 집중해서 관찰하면 그 차이를 명백히 알 수 있다. 코치는 많이 움직이지 않고도 셔틀콕 방향에 따라 상당히 빠르게 반응한다. 그리고 한번 치고 난 후 그 다음 동작이 동호인보다 훨씬 빠르다. 그 이유는 꾸준한 풋워크 연습으로 불필요한 동작을 최소화하고 풋워크가 물 흐르듯이 자연스럽기 때문이다.

풋워크를 많이 연습하게 되면 셔틀콕을 치러 나갈 때와 들어올 때의 속도가 자신도 모르게 상당히 빨라진다. 풋워크를 많이 연습하면 할수록 상급자로 가는 길이 가까워진다는 것을 명심하기 바란다.

전위 풋워크 연습 방법

포핸드 전위로의 풋워크-1(초보자)

포핸드 사이드 전위로 오는 셔틀콕을 포핸드로 리시브하거나 드라이브를 할 때의 풋워크 방법이다. 총 2스텝이다.

1 풋워크 준비 자세를 취한다.

2 왼발을 내딛으며 방향을 잡는다.

3 그 다음 오른발을 크게 내딛고 착지와 동시에 스윙을 한다.

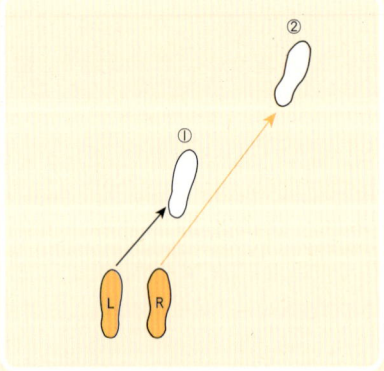

*R : 오른발, L : 왼발

포핸드 전위로의 풋워크-2(숙련자)

포핸드 사이드 전위 풋워크의 다른 방법으로 포핸드 사이드로의 방향 전환과 풋워크 스피드가 더욱 빠르다. 숙련자라면 이 방법을 택하는 것이 좋다.

1 준비 자세에서 오른발을 내딛으며 방향을 잡는다.

2 오른발을 딛자마자 왼발을 오른발 옆으로 이동시키며 왼발이 착지함과 동시에 오른발을 다시 크게 내딛는다.

3 오른발 착지와 동시에 스윙한다.

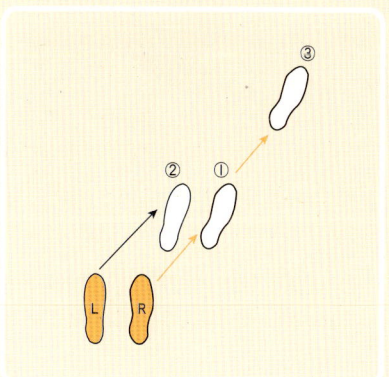

백핸드 전위로의 풋워크

백핸드 사이드 전위로 오는 셔틀콕을 백핸드로 리시브하거나 드라이브를 할 때의 풋워크 방법이다. 총 2스텝이다.

1 풋워크 준비 자세를 취한다.

2 왼발을 가볍게 내딛으며 방향을 잡는다.

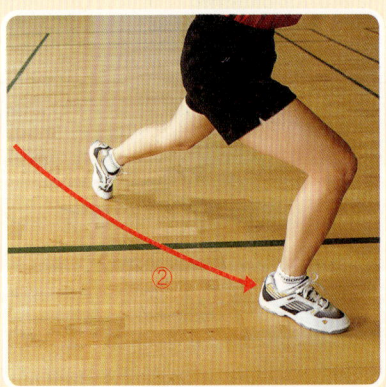

3 그 다음 오른발을 크게 내딛고 착지와 동시에 스윙을 한다.

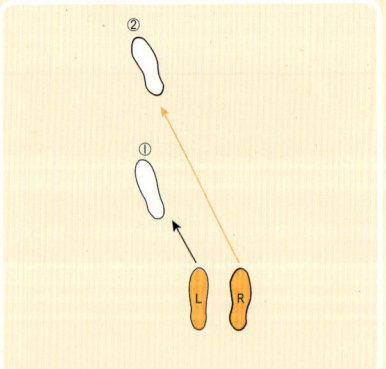

후위 풋워크 연습 방법

포핸드 후위로의 풋워크

포핸드 사이드와 백핸드 사이드 후위로 오는 셔틀콕을 포핸드로 리시브하거나 드라이브를 할 때의 풋워크 방법이다. 총 3스텝이다.

① 오른쪽

1 준비 자세에서 오른발을 뒤로 크게 내딛는다.

2 왼발을 오른발 앞쪽으로 교차하며 내딛는다.

3 다시 오른발을 내딛으며 동시에 상체를 오른쪽으로 벌린다. 오른발 점프와 동시에 스윙한다.

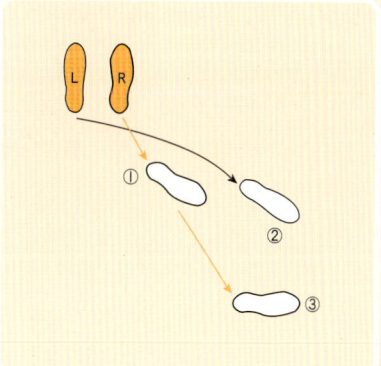

② 왼쪽

상대가 클리어와 같이 셔틀콕이 공중에 떠 있는 시간이 긴 스트로크로 공격했을 경우에는 준비 시간이 충분하므로 포핸드로 응수할 수 있는 풋워크 방법이다.

1 준비 자세에서 왼발을 뒤로 크게 내딛는다.

2 왼발 착지와 동시에 다시 왼발로 살짝 점프하여 뒤로 이동하여 왼발로 착지한다.

3 왼발 착지 후 오른발이 왼발 뒤에 착지하면서 점프와 동시에 상체를 오른쪽으로 벌리며 스윙한다.

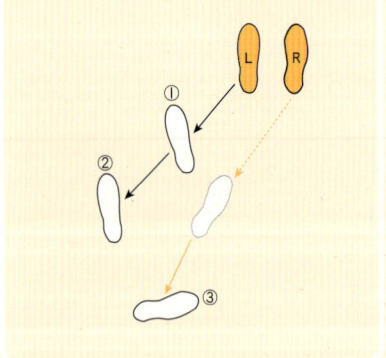

백핸드 후위로의 풋워크

백핸드 사이드 후위로 오는 셔틀콕을 백핸드로 리시브하거나 드라이브를 할 때의 풋워크 방법이다. 상대의 타구가 빨라 준비할 시간이 없을 때의 방법으로 총 2스텝이다.

1 풋워크 준비 자세를 취한다.

2 왼발을 가볍게 내딛는다.

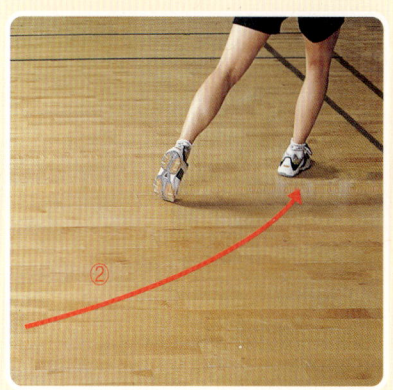

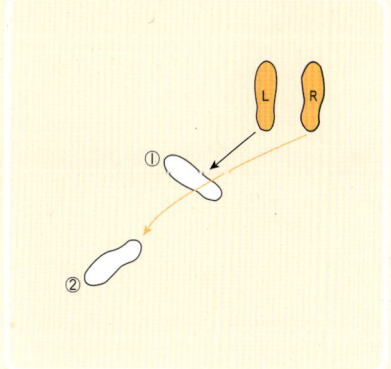

3 다시 오른발을 내딛으면서 오른쪽 어깨를 오른쪽으로 젖히면서 스윙한다. 스윙과 동시에 오른발 착지후 왼발 착지한다.

사이드 풋워크 연습 방법

좌, 우 사이드 옆, 위 또는 아래로 오는 셔틀콕을 받아칠 때의 풋워크 방법이다.

사이드로 올 때의 풋워크-1(초보자)

1 풋워크 준비 자세를 취한다.

2 몸을 오른쪽으로 틀면서 왼발을 내딛는다. 이때 양발의 방향을 사이드를 향한다.

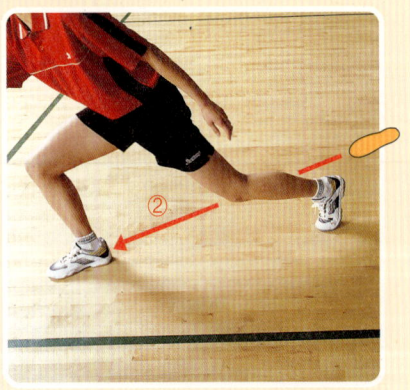

3 오른발을 크게 내딛으면서 스윙을 한다. 이때 오른발의 방향은 사이드를 향한다.

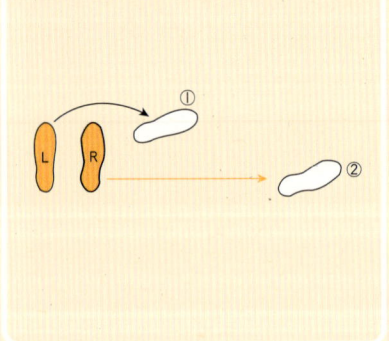

PART 2 기본 동작을 배우자

사이드로 올 때의 풋워크-2(숙련자)

1 풋워크 준비 자세를 취한다.

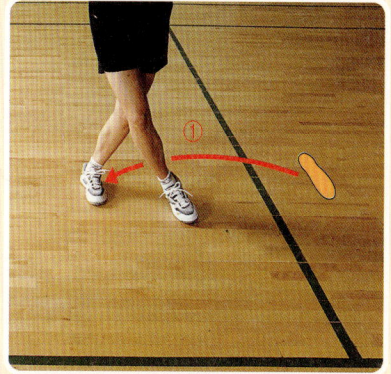

2 왼발이 오른발 뒤로 교차하여 옆으로 이동한다.

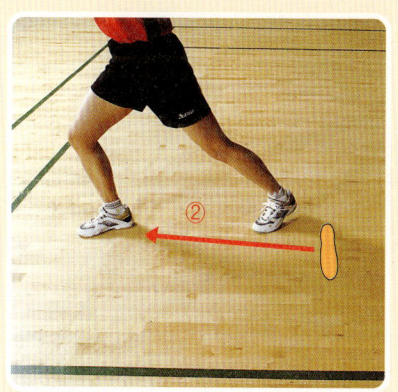

3 오른발을 내딛으며 착지와 동시에 스윙한다.

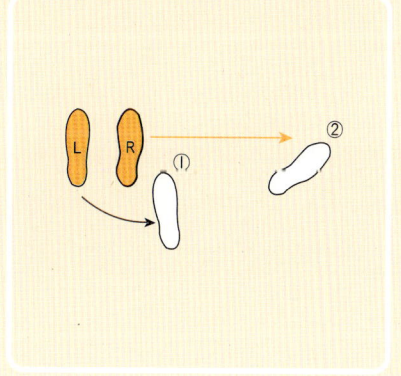

> **TIP** 사이드 풋워크 연습 시 주의할 점
>
> 사이드로 오는 셔틀콕을 칠 때 발끝은 사이드를 향해야 한다. 마치 옆 사람의 볼을 때리듯이 옆을 보고 쳐야 한다. 그러나 발끝이 앞을 향하면 타구 시 옆으로 가는 공을 치기가 어려워지므로 주의하자.

포핸드 사이드 원 점프 스매시 때의 풋워크

1 준비 자세에서 상체를 오른쪽으로 틀면서 오른발을 내딛는다.

2 오른발 착지와 동시에 셔틀콕 방향으로 점프하여 스윙한다.

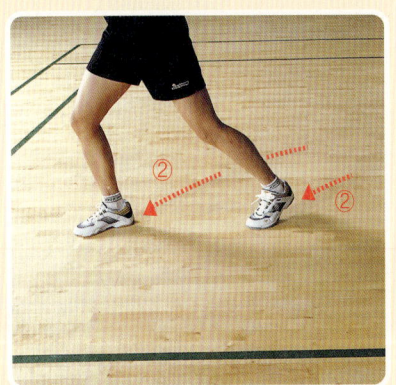

3 스윙 후 두발을 동시에 착지한다.

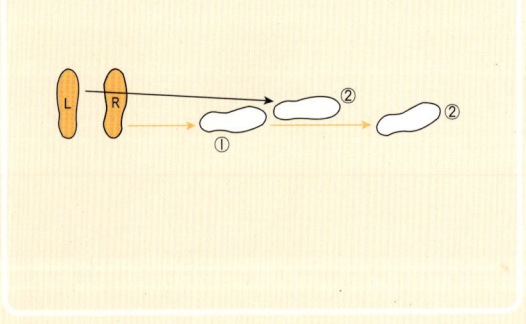

백핸드 사이드 원 점프 스매시 때의 풋워크

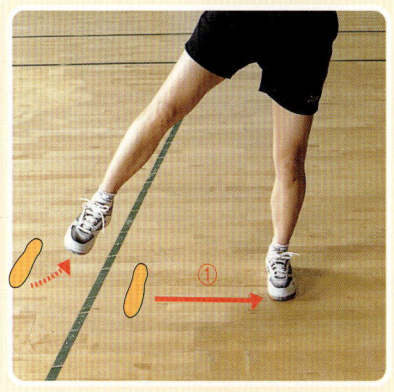

1 준비 자세에서 왼발을 크게 내딛으며 몸의 중심을 왼쪽에 둔다. 이때 오른발은 자연스럽게 들린다.

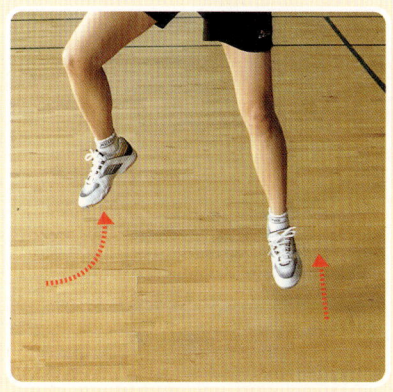

2 왼발 착지와 동시에 셔틀콕 방향으로 점프하여 스윙한다.

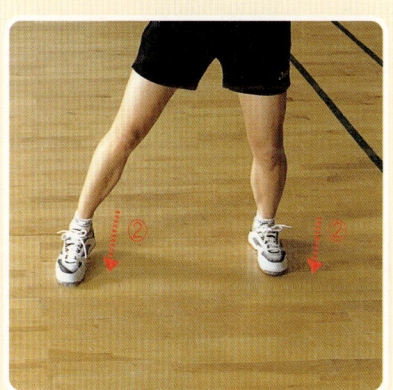

3 스윙 후 두발을 동시에 착지한다.

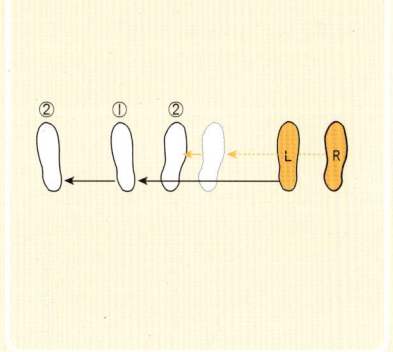

TIP 백핸드 사이드 원 점프 스매시 때의 왼발 방향

백핸드 사이드 원 점프 스매시를 할 때 왼발 착지 시 발끝이 왼쪽을 향하는 경우가 많다. 그러한 경우에는 다음 자세를 취하기가 어려우므로 발끝이 앞을 향하도록 한다.

풋워크 연습 시 주의할 점

착지 시에는 반드시 뒤꿈치부터 착지한다

내디딘 발은 반드시 뒤꿈치부터 먼저 착지하는 것이 철칙이다. 점프하는 경우를 제외하고는 모든 풋워크는 뒤꿈치 착지를 한다. 발가락 끝으로 착지하면 큰 스탠스를 취할 수 없고 체중을 지탱하기 힘들다. 특히 발목을 다치거나 균형이 깨지기 쉬우므로 주의하자.

▲ 착지할 때는 뒤꿈치부터 착지해야 한다.

▲ 점프할 경우에는 앞꿈치부터 착지한다.

스윙으로 이어지는 마지막 스텝은 크게 내딛는다

스윙 바로 직전의 마지막 스텝은 크게 내딛어야 한다. 구름 발을 크게 내딛어야 체중을 실을 수 있고, 타구 시 셔틀콕에 파워와 스피드를 더할 수 있기 때문이다.

마지막 스텝이 커야 파워와 스피드가 증가한다. ▶

상체가 기울어도 고개는 든다

셔틀콕이 어느 방향으로 날아오든 간에 올바른 자세로 충분히 칠 수 있는 것이 이상적인 풋워크이다. 그러나 경기를 하다보면 비스듬하게 옆으로 뛰어야 하는 경우도 많다. 이때 아무리 상체가 기울어도 고개는 위로 들어 셔틀콕을 똑바로 쳐다보아야 한다. 그것이 균형을 유지하는 데도 이어진다.

정확한 스트로크를 위해 상체를 세운다

상체를 앞으로 숙이고 힙이 올라가면 밑으로 오는 셔틀콕을 받아치기가 어렵다. 왜냐하면 힙의 위치가 높으면 자세 중심이 흐트러져 정확한 스트로크를 할 수 없기 때문이다.

따라서 무릎을 적당히 굽히고 상체를 세우는 것이 좋다. 상체를 세우고 다리를 최대한 벌리며 무릎을 굽히면 셔틀콕이 아무리 낮게 들어와도 받아칠 수 있다.

마지막 발을 디딜 때는 발끝을 옆으로 향한다

마지막 발을 내디딜 때 발끝이 앞을 향하지 않도록 주의한다. 마지막 발이 앞을 향하면 상체가 제대로 틀어지지 않아 정확한 스윙을 할 수 없기 때문이다. 특히 여자들이 주의해야 할 부분이므로 충분한 연습을 해야 할 것이다.

▲ 발끝이 옆을 향하면 정확한 스윙이 가능하다.

▲ 발끝이 앞을 향하면 정확한 스윙을 할 수 없다.

 ## 풋워크는 물 흐르듯이 자연스럽게

고등학교 1학년 때 처음으로 국가대표로 선발된 후 첫 국제대회에 참가하여 봤던 인도네시아 선수들의 풋워크 움직임은 마치 물이 흐르듯 자연스러웠다. 이것은 스피드는 있었지만 딱딱했던 나의 풋워크 움직임에 큰 변화를 가져올 수 있었던 좋은 경험이었다.

그 이후 연습을 반복해 스피드와 자연스러움이 조화를 이룬 풋워크로 상대보다 타이밍을 빠르게 쳐줌으로써 상대를 제압할 수 있는 여건이 조성되었다.

특히 영국에서 2년 반 동안 영국대표팀을 지도하면서 풋워크 훈련에 상당한 시간을 할애했던 기억이 난다. 당시 영국선수들은 기본기 훈련보다는 게임에 너무 치중했기 때문에 선수들의 몸놀림은 둔하면서 상·하체의 밸런스가 안 맞는 경우가 많았다. 이것을 변화시키기 위해 매일 풋워크 훈련을 시켰고 그들은 보다 유연해지면서 스피드가 향상되었다. 선수 스스로도 자신의 움직임에 놀라워 할 정도였다.

풋워크 연습은 지금 현역 세계 최고의 선수들도 하루도 빠짐없이 반복하는 훈련이라는 사실을 명심하자.

 ## 납조끼를 입고했던 풋워크 연습

　배드민턴을 치는 동작에 있어서 가장 중요한 부분이 손목이라면, 코트 내에서 움직이는 동작 중에서 가장 중요한 부분이 풋워크 동작이다.

　선수시절 비 시즌 기간인 겨울철 동계훈련 기간 동안 체력훈련을 겸한 스피드와 점프력 향상을 위해 코트 내에서 납조끼를 입고 풋워크 연습을 했던 기억이 있다. 10kg 정도의 무게가 나가는 납조끼를 몸에 걸치고 풋워크 연습을 한다는 것은 여간 힘든 훈련이 아니었다. 이러한 훈련을 실시한 후 조끼를 벗고 풋워크 연습을 하게 되면 몸이 날아갈듯이 가벼워져 빠른 스피드와 높은 점프력을 키워나갈 수 있었다.

PART 03
다양한 기술을 익히자

1. 서브
2. 리시브
3. 스트로크

Skill & Technic

서브 Serve

배드민턴 경기는 서브에서 시작하고 서브를 넣은 쪽이 이겼을 때에 득점이 되므로 서브는 기본적이면서도 중요한 스트로크다. 처음 게임을 시작할 때 넣는 서브부터 작전을 연결하면 게임의 적극성과 주도권을 잡을 수 있고, 다양한 코스로 서브를 넣어 상대방의 리시브를 강하게 공격할 수도 있다.

특히 복식경기와 같이 빠른 승부에서는 대부분 서브와 리시브의 우세로 승부가 결정되므로 아무리 고난이도의 스트로크를 구사하고 랠리 기술이 좋아도 기본적인 서브와 리시브의 기술이 부족하면 랠리에 들어가기도 전에 패하는 경우가 생길 수 있다. 반면에 누구나 한 게임중에 많은 서브권을 가지게 되므로 정확한 서브로 상대의 실책을 유도하면서 간단하게 득점할 수 있다.

좋은 서브란 미처 상대가 예측하지 못하도록 길이와 높이, 속도 등을 다양하게 해서 자기가 보내고 싶은 곳에 셔틀콕이 떨어지도록 하는 서브이다. 그러나 부실한 여러 가지 서브를 넣는 것 보다는 한 두 종류의 정확하고 자신감 있는 서브에 힘을 집중하는 것이 좋다. 서브를 뜨지 않고 정확하게 넣는 법과 상대방의 리시브 타이밍을 빼앗는 요령을 터득해 경기에서 주도권을 잡도록 노력해 보자.

서브의 종류와 연습 방법

서브의 종류에는 주로 단식경기에서 많이 쓰는 포핸드 서브와 복식경기에서 많이 사용하는 백핸드 서브가 있다. 이 서브들을 구사하는 방법을 그림과 같이 연습해 보자.

포핸드 서브

① 포핸드 롱서브

단식 경기에서 주로 구사하는 서브로 셔틀콕을 높게 멀리 쳐서 상대방의 엔드라인 깊숙한 곳에 수직으로 떨어지도록 하는 서브이다. 일정한 리듬에 맞추어 일정한 장소로만 넣지 말고 높이와 속도를 다양하게 하고, 백쪽 서브 라인 좌우로 위치를 설정하여 낙하할 수 있도록 숙달시켜 상대의 리시브 타이밍을 빼앗아야 한다.

② 포핸드 숏서브

단·복식에서 사용할 수 있는 서브로 셔틀콕을 네트 위를 살짝 넘겨 상대방의 숏서브 라인 근처에 떨어뜨리는 서브이다. 숏서브는 롱 하이 서브(long high serve)나 드리븐 서브(driven serve)보다 섬세하고 코스의 선택을 잘해야 하기 때문에 매우 어렵다. 이때 중요한 점은 손목의 움직임으로 타구하되 셔틀콕을 친다기보다는 밀어서 원하는 위치에 보내는 듯한 기분으로 쳐야 한다. 그러므로 셔틀콕을 미리 놓아서는 안 된다.

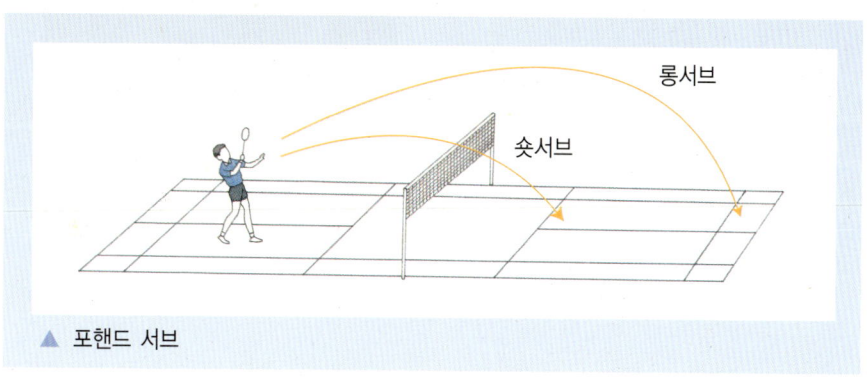

▲ 포핸드 서브

③ 포핸드 서브 방법

1. 왼발이 앞으로 향하도록 서고 팔을 몸 뒤로 쭉 뻗는다. 라켓 헤드는 아래를 향하며, 높이는 허리보다 낮아야 한다. 이때 시선은 정면을 향한다.

2. 셔틀콕을 오른발 앞에 던져놓고 허리 아래에서 세게 쳐 올린다(숏서브는 살짝 쳐 올린다).

3. 임팩트 후 라켓 끝은 왼쪽 어깨 위로 올린다(숏서브는 가슴 높이 정도까지 올린다). 이때 발이 움직이거나 바닥에서 떨어지지 않도록 한다.

④ 포핸드 서브 시 주의할 점

포핸드 서브 시 몸 중심은 앞으로 향해야 한다. 일반적으로 사진과 같이 몸이 옆을 향하거나 스윙 후 라켓 끝을 오른쪽 어깨로 올리지 않도록 주의해야 한다.

▲ 몸 중심이 옆을 향하면 안된다.

▲ 스윙 후 라켓 끝을 오른쪽으로 올리지 않도록 한다.

TIP 선수 시절 나만의 서브 연습

선수시절 이러한 서브를 넣기 위해 매일 밤 저녁식사 후 30~40분씩 헌 셔틀콕이 담긴 큰 박스를 체육관에 갖다 놓고 혼자만의 연습을 했던 기억이 난다. 또한 훈련 시작전과 끝난 후 5~10분 정도 손목 느낌에 대한 연습을 하였다. 서브는 자신감에서 시작이 되어야 하며, 자기 자신만의 손목의 '감'을 느낄 수 있어야 한다.

백핸드 서브

① 백핸드 롱서브

백핸드 롱서브는 짧게 끊어 치는 타법이 유리하다. 스윙 직전까지의 모든 동작은 숏서브와 동일하되 셔틀콕이 맞는 순간에는 짧게 끊어 친다. 이때 숏서브의 타점과 롱서브의 타점은 동일해야 한다.

② 백핸드 숏서브

백핸드 숏서브는 주로 복식경기에서 많이 사용한다. 숏서브를 넣을 때는 셔틀콕이 네트를 살짝 넘어가도록 치는 것이 중요하다. 왜냐하면 네트 위로 뜨게 되면 곧바로 반격을 당하기 때문이다. 이처럼 셔틀콕을 뜨지 않고 네트를 살짝 넘기려면 타점이 높을수록 좋으나, 너무 높으면 서브 반칙이 된다.

숏서브를 백핸드로 하는 이유는 컨트롤이 수월하고 롱서브와 숏서브 동작의 정확도가 높기 때문이다.

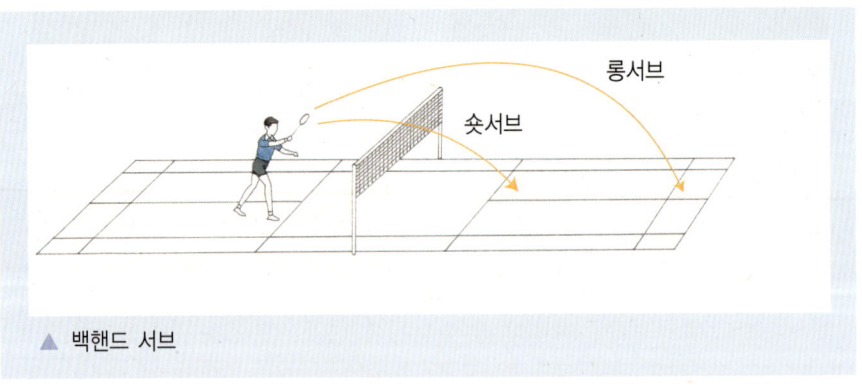

▲ 백핸드 서브

③ 백핸드 서브 방법

1 오른발을 앞으로 향하게 서고 팔을 몸 앞에 위치시킨다. 이때 시선은 정면을 향한다.

2 셔틀콕을 왼발 앞에 던져놓고 순간적으로 손목을 이용하여 세게 쳐 올린다 (숏서브는 살짝 쳐 올린다).

3 임팩트 후 라켓 끝을 자연스럽게 올린다. 롱서브는 어깨보다 높이 올리고 숏서브는 어깨 정도까지만 올리면 된다.

④ 백핸드 서브 시 주의할 점

준비 자세에서 움직이지 않고 그대로 서브를 넣어야 하며, 셔틀콕을 들고 있는 왼손을 위로 들거나 허리보다 높은 위치에서 치지 않도록 주의해야 한다. 또한 백핸드 롱서브 시 세게 치려다 왼발을 바닥에서 드는 경우가 많은데, 배드민턴 규칙 상 발을 움직이면 반칙이 되므로 발을 고정한다.

▲ 라켓 헤드가 그립보다 높으면 안 된다.

▲ 셔틀콕의 위치가 허리보다 높으면 안 된다.

▲ 발이 바닥에서 떨어지면 안 된다.

 ## 복식 서브의 세계적인 추세

　현재 국제대회에 출전하는 거의 모든 선수들은 복식경기 시 백핸드 서브를 넣는다고 해도 과언이 아니다. 앞에서 언급하였듯이 동작 자체가 간결하기 때문에 상대가 숏서브인지 롱서브인지 파악할 수 없기 때문이다.

　나와 김문수 선수가 세계를 제패하고 있을 당시에 쟁쟁한 실력을 자랑하는 복식조로 중국의 리용보-티안빙이, 인도네시아의 하루토소-구나완, 말레이시아의 시덱형제조가 있었는데, 특히 시덱형제조는 세계 최고의 수비를 펼치면서도 그다지 많은 대회에서 우승을 하지 못했다. 그 이유는 포핸드 서브의 불안으로 항상 좋은 경기에서 주저앉고 말았기 때문이다. 결국 그들도 1992년 바르셀로나 올림픽 때 백핸드 서브로 바꾸었으나 그 때는 이미 너무 늦은 시기였다.

　반면에 같이 선수촌에서 대표선수 생활을 했던 후배인 1996년 애틀랜타 올림픽 금메달리스트 길영아 선수는 포핸드 서브에서 백핸드 서브로 바꾸면서 기량의 안정화와 자신감을 키웠다고 볼 수 있다.

　또한 선수시절 당시 내 파트너였던 김문수 선수의 서브는 세계 최고였으며, 현재 국가대표 후배이면서 2004년 아테네 올림픽 금메달이 유력시되는 김동문 선수의 서브 역시 세계 최고를 자랑한다.

리시브 Receive

상대방의 서브를 받아 리턴 하는 것을 리시브라고 하는데 이것 또한 서브 못지 않게 대단히 중요하다. 특히 선제 속공을 특징으로 하고 있는 현대 배드민턴에 있어서는 서브와 더불어 승패를 가른다.

일반적으로 상대방이 쳐 올린 서브를 리시브할 때에는 가능하면 상대방 코트에 낮게 보내는 것이 좋다. 절대로 상대방이 치기 좋게 올려줘서는 안 된다는 점이 서브 리시브의 핵심이다.

어쩔 수 없이 상대방에게 높이 보낼 때에는 상대방도 다시 높이 쳐 올릴 수 밖에 없도록 하면서 공세를 잡을 수 있다. 되도록 위에서 처리하여 우리편이 유리하도록 처음부터 공격적으로 주도해 나가는 것이 바람직하다.

리시브의 자세는 단식과 복식 또는 상대방의 서브 종류와 형태, 상황에 따라 달라지지만 기본적으로 자신의 체력과 리시브 기술을 충분히 고려하고 플레이에 지장이 없도록 유리한 방법으로 한다.

숏서브나 드리븐 서브가 어느 방향으로 오든 한번에 처리할 수 있는 위치 선정과 준비 자세가 중요하다.

롱서브 리시브

초보일 때

무리하게 스매시를 하지 말고 최대한 길게 치도록 한다. 또한 리시브가 밀렸다고 해서 상대 네트 근처로 넘기는 데만 급급하면 상대가 푸시나 헤어핀을 하게 되므로 이런 때는 클리어를 치는 것이 바람직하다.

중·상급일 때

롱서브가 들어오면 재빨리 뒤로 이동하여 스매시를 할 수도 있지만 너무 강한 스매시보다는 손목만을 이용한 하프 스매시로 공격권을 노리는 것이 좋다. 복식의 경우 스매시가 여의치 않으면 상대 두 사람 중 공격이 약한 쪽으로 올려주거나, 두 사람 사이에 드롭이나 클리어를 치는 것이 바람직하다.

반대로 숏서브가 들어오면 서브를 넣은 사람에게 강하게 스매시를 하는 것이 가장 좋다. 왜냐하면 서버가 서브를 넣고 난 후 뒤로 물러나는 상태이므로 리시브할 준비가 덜 되어있기 때문이다.

> **TIP 롱서브 리시브 시 주의할 점**
>
> 롱 서브를 받을 때도 정말 어려운 상황이 아니면 상대방에게 공격권을 넘겨줘서는 안 된다. 점점 고수로 커가려면 최대한 셔틀콕을 띄워서는 안 된다는 것을 항상 염두에 두어야 한다.

숏서브 리시브

초보일 때

아직 길고 짧게 조절하는 능력이 부족하므로 어려운 푸시나 헤어핀보다는 높고 길게 쳐 올리는 것이 바람직하다. 그래야 다음 동작을 준비할 시간적 여유가 생기기 때문이다.

중·상급일 때

중·상급 수준이면 길고 짧게 치는 능력 뿐만 아니라 대각선이나 직선으로 보낼 수 있는 능력이 될 것이다. 특히 가능하면 셔틀콕이 각도가 크게 바닥에 떨어지도록 한다. 이 수준이 되면 많은 기술 가운데 처음 어느 것을 하느냐에 따라 그 랠리에서 주도권을 잡을 수 있는지 생각해 보자.

서브 높이별 리시브 요령

서브가 떴을 경우

상대의 몸 쪽이나 몸 뒤 쪽에 푸시를 하고 다음 동작을 빨리 취한다.

서브가 조금 떴을 경우

셔틀콕이 최대한 높은 지점에서 빠르게 헤어핀을 하고 선제 공격을 하거나, 상대 전위 선수와 후위 선수 사이에 떨어지도록 한다.

서브가 뜨지 않고 잘 들어왔을 경우

우리 편 중에서 수비가 좋은 사람이 되받을 수 있는 쪽으로 높이 올리고 수비 자세를 취한다.

서브 리시브 폴트

상대방이 서브를 넣기 전에 미리 움직이면 반칙이 된다.

 ## 빠른 스타트와 위압적인 준비 자세

　리시브를 잘하기 위해서는 상대가 넣는 서브를 기다리는 것이 아니라 상대가 숏서브를 넣을 것인지 롱서브를 넣을 것인지를 예측하여 빠르게 스타트 동작을 취하는 것이 필수적이다.

　이러한 빠른 스타트 동작을 위해서는 먼저 상대의 스윙 동작을 읽는 능력이 필요하고, 움직이는 동작에 있어서 앞꿈치가 마루바닥을 때리고 나가는 듯한 발목 강화 훈련 연습이 필요하다.

　또한 위압적인 준비 자세는 상대 서버로 하여금 숏서브에 대한 부담을 유발시켜 롱서브를 유도함으로써 즉각적인 공격을 할 수 있다. 또한 상대 서버가 네트에 뜨지 않는 서브를 넣어야 한다는 심리적 부담을 갖게 하여 실수를 유발시킬 수 있다.

　상상해 보라! 유럽의 키 큰 선수들이 네트 앞에 바짝 붙어 팔을 쭉 펴들고 단단히 준비하고 있다면 여러분들은 어떤 마음이 들겠는가.

　리시브는 우리 동호인들이 쉽게 생각하는 부분인데, 그냥 받아넘기는 것이 목적이 아니라 공격적인 리시브를 해야만 곧바로 주도권을 갖고 게임을 할 수 있다는 것을 명심하자.

스트로크 Stroke

셔틀콕을 라켓으로 치는 것을 스트로크라 하는데 셔틀콕을 날리는 방향에 따라 클리어, 스매시, 드롭샷, 헤어핀, 푸시, 드라이브 등으로 나눌 수 있다.

클리어는 셔틀콕이 상대방의 백바운더리 라인까지 높고 멀리 포물선을 그리며 날아가 수직으로 떨어지는 것을 말하는데 자연스러운 손목의 움직임과 어깨의 힘이 필요하다.

스매시는 높이 떠오는 셔틀콕을 강한 힘과 스피드로 상대방의 코트에 거의 직각으로 떨어지도록 하는 것으로 항상 각도와 방향을 잘 잡아야 한다.

드롭샷은 엔드라인 가까이에 오는 셔틀콕을 상대방 네트 너머 바로 앞에 살짝 떨어지게 하는 것으로 상대가 홈포지션 뒤쪽에 있을 때 사용한다.

헤어핀은 네트 바로 밑으로 오는 셔틀콕을 다시 네트 상단을 살짝 넘겨 상대방의 코트로 넘기면서 상대를 제압할 수 있는 매우 섬세한 기술이다.

드라이브는 셔틀콕이 거의 네트 상단을 스칠 정도로 강하게 쳐서 코트와 평행으로 날아가게 하다가 상대편 코트에 들어가서는 네트 높이보다 낮게 날게 하는 것으로 복식 경기에 있어서 상대방의 콤비네이션을 깨는 데 효과적이다.

푸시는 네트 상단으로 넘어오는 셔틀을 빠르고 강하게 상대방 코트에 밀듯이 치는 것으로 네트를 따라 스윙하게 되므로 라켓이 네트에 닿지 않도록 주의해야 한다.

클리어(clear)

스트로크 중에 가장 기본으로, 하이 클리어와 드리븐 클리어가 있다. 각각의 특징 및 주의점을 알아보자.

하이 클리어(high clear)

상대 코트의 엔드라인까지 셔틀콕을 높고 깊숙이 치는 스트로크이다. 이것은 셔틀콕이 공중에 있는 시간을 늘림으로써 자신이 준비할 시간적 여유를 벌기 위함이다. 따라서 하이 클리어는 수비형 스트로크이며 자신이 불리한 상황에서 주로 사용한다.

드리븐 클리어(driven clear)

하이 클리어가 완만한 포물선을 그리며 높이 날아간다면, 드리븐 클리어는 빠르게 직선으로 뻗어나가다가 엔드라인 위에서 급하게 떨어지는 공격형 스트로크이다. 따라서 높이보다는 속도와 코스가 중요하며 상대가 쫓아오기 힘든 속도 혹은 상대의 허를 찌르는 코스로 에이스를 노리기에 적합하다. 모든 동작은 하이 클리어와 동일하나 임팩트 위치가 보다 앞쪽이어야 한다.

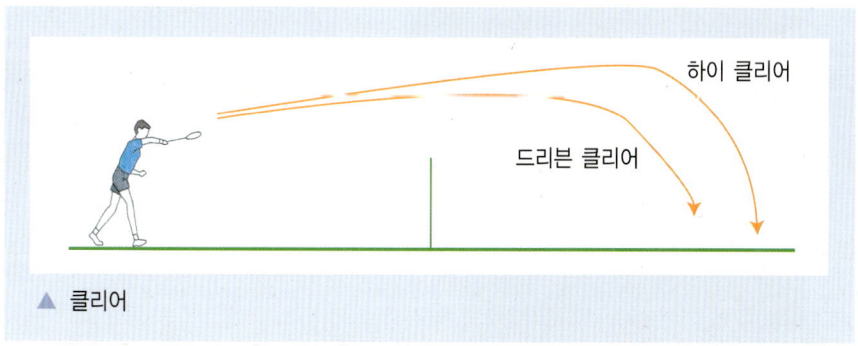

▲ 클리어

클리어 연습 방법

1. 오른발을 뒤로 옮기면서 몸의 중심을 뒤쪽에 두고 스윙 자세를 취한다. 이때 왼손을 들어 셔틀콕의 위치를 가늠한다.
2. 백스윙을 한다. 이때 오른발 뒤꿈치를 들고 왼발은 바닥에 밀착시키면서 몸의 중심을 가운데로 이동시킨다.
3. 손목을 이용하여 임팩트한다. 이때 몸의 방향은 네트쪽을 향하고 팔은 곧게 편 상태를 유지한다.
4. 드리븐 클리어는 하이 클리어보다 조금 앞에서 임팩트한다.

스트로크는 반복의 결정체

스트로크의 정확도와 질이 떨어진다면 경기에서 이길 확률이 그만큼 떨어지기 마련이다. 스트로크는 매일 반복되는 연습 속에서 정확도를 키워 나갈 수 있다.

예를 들어 드라이브 연습 시 계속해서 네트를 살짝 넘어가도록 보내는 연습, 드롭샷 연습 시 네트를 살짝 넘겨 짧게 떨어뜨리는 연습 등 계속되는 연습을 통하여 하나의 스트로크 정확도가 완성되는 것이다.

축구에서 문전 처리가 미숙하면 결정적인 찬스에서 골로 연결시키지 못하듯이, 배드민턴에서도 결정적인 랠리 찬스에서 정확한 스트로크를 구사하지 못한다면 상대에게 역습의 기회를 제공하게 되는 경우가 종종 있게 된다.

따라서 스트로크의 정확도를 높이기 위해서는 처음에는 한가지 스트로크 연습을 반복적으로 하고, 어느 정도 익숙해지면 다른 스트로크를 추가하여 두 가지 스트로크를 연결하는 연습을 하는 것이 바람직하다. 그러면 경기에 대한 응용 연습을 겸할 수 있게 될 것이다.

나 또한 현역 시절 시합 시즌이 아닌 경우 1주일에 4~5일은 스트로크 연습에 집중했다. 그만큼 완벽한 스트로크가 필요했기 때문이다.

스매시 (smash)

　높이 떠오른 셔틀콕을 강한 힘과 스피드로 상대방의 코트에 거의 직각으로 치는 스트로크이다. 배드민턴의 스매시 속도는 시속 300km를 넘을 정도로 강력하고 빠르기 때문에 배드민턴의 공격 중에서 가장 매력적이다. 배드민턴을 하는 사람이라면 누구나 강력한 스매시의 짜릿함을 느끼고 싶을 것이다.

　스매시의 코스는 양 사이드라인과 보디 그리고 각각 포 사이드와 백 사이드 등 기본적으로 여섯 가지 패턴이 있다.

　스매시에는 체중을 실어 파워와 스피드가 좋은 풀 스매시와 약 60~70% 정도의 힘으로 치는 하프 스매시가 있다.

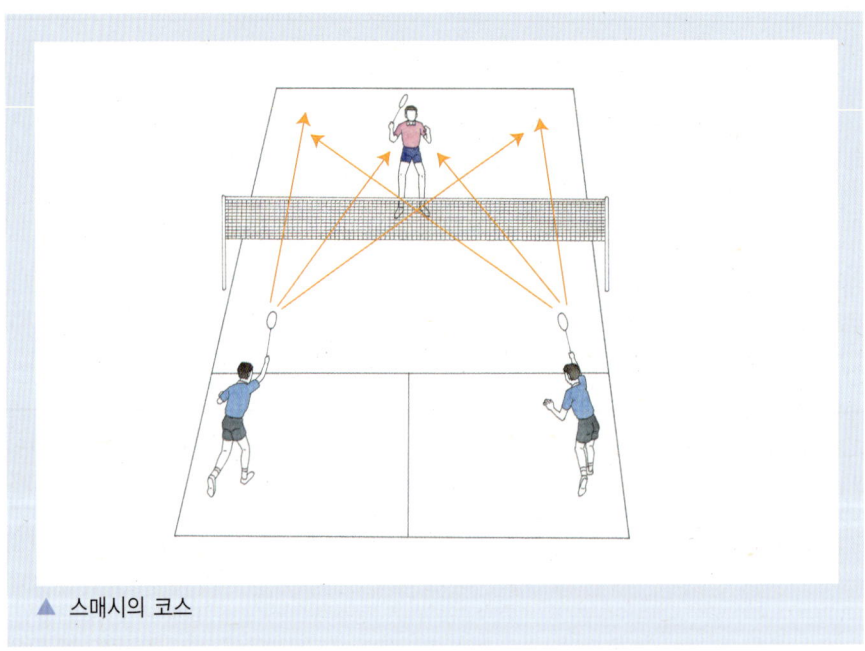

▲ 스매시의 코스

풀 스매시(full smash)

클리어나 드롭샷과 마찬가지로 스윙 자세는 비슷하나 스피드를 높이기 위해 팔의 움직임을 크게 한다. 즉 팔을 뒤로 충분히 뻗었다가 스윙 시 큰 원을 그리면서 백스윙과 폴로 스루(follow through) 동작을 한다.

타점은 클리어보다 약간 앞에다 두고 임팩트 순간에 밑으로 꽂는다는 생각으로 손목을 이용하여 강하게 내려치는 스트로크이다.

하프 스매시(half smash)

체력이 많이 소모된 상태에서 상대에게 공격권을 주지 말아야 할 때나 상대 동작의 리듬을 빼앗을 때 주로 하는 스트로크이다. 엔드 라인 근처로 오는 셔틀콕을 하프 스매시로 이용하여 풀 스매시 찬스를 잡기 위해 하는 스매시이다.

손목만 이용해서 풀 스매시의 60~70%의 힘으로 임팩트 순간에 빠르고 짧게 끊어 친다.

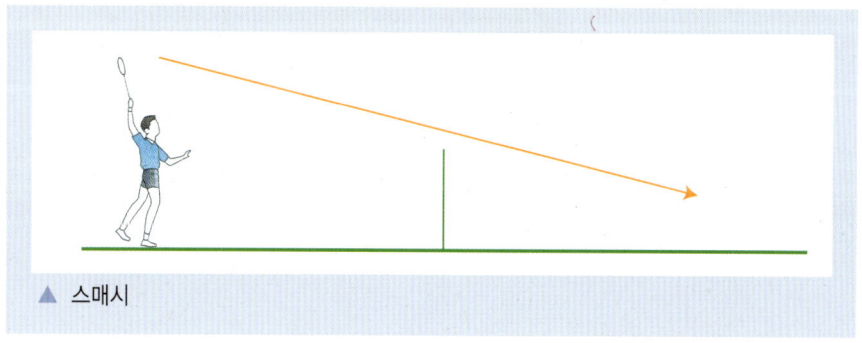

▲ 스매시

① 풀 스매시와 하프 스매시 연습 방법

▲ 풀 스매시는 밑으로 꽂는다는 생각으로 손목을 이용하여 강하게 내려친다.

▲ 하프 스매시는 풀 스매시의 60~70%의 힘으로 임팩트 순간에 빠르게 짧게 끊어친다.

 TIP 임팩트 시 모든 힘을 싣는다

스매시를 하기 전에는 몸에 힘을 주지 말고 임팩트 순간에는 모든 힘을 쏟아야 한다. 단, 하프 스매시를 할 때는 힘 조절을 해야 한다. 임팩트 후에는 다시 몸에 힘을 뺀다.

② 풀 스매시와 하프 스매시 연습 방법

셔틀콕을 밑으로 쳐야 한다는 생각에 팔꿈치를 구부리는 경우가 많다. 팔꿈치가 구부러지면 스윙 자세가 흐트러지고 손목을 제대로 이용할 수 없게 되므로 타구가 길게 뻗어나가 상대방이 치기 쉽게 되고, 팔꿈치 부상을 당할 가능성이 높아진다.

▲ 스윙 시에는 팔꿈치가 구부러져서는 안 된다.

드롭샷(drop shot)

셔틀콕을 임팩트 순간에 짧게 끊어 쳐 네트 앞에 살짝 떨어뜨리는 스크로크로서 스윙 동작은 클리어나 스매시와 동일하다. 드롭샷은 주로 단식에서 많이 사용하며, 복식에서 사용할 때는 찬스를 잡기 위한 일차적 공격이라고 할 수 있다. 따라서 상대가 못 받도록 친다기보다는 다음 찬스를 노린다는 생각으로 친다.

또한 클리어나 스매시와 동작이 같기 때문에 갑자기 드롭샷을 하면 상대방을 속일 수 있어 효과적이다.

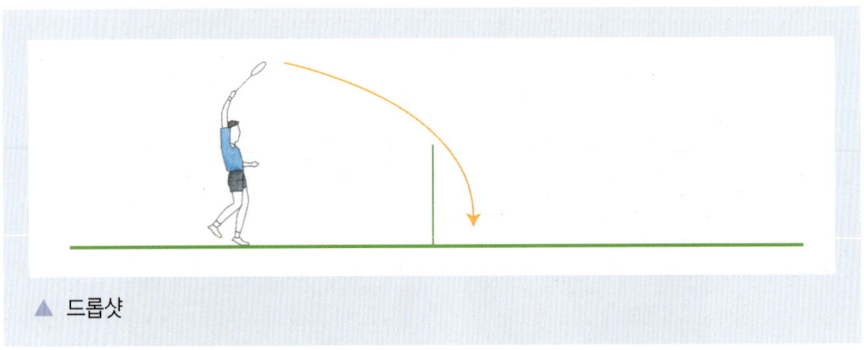

▲ 드롭샷

① 드롭샷 연습 방법

◀ 스윙 동작은 클리어와 동일하나 임팩트 순간에 짧게 끊어친다

② 드롭샷할 때 주의할 점

드롭샷의 장점은 클리어나 스매시 동작과 같기 때문에 상대를 속이기 쉽다는 것이다. 그러나 살짝 치기 위해 미리 팔을 펴서 밀어 치면 상대방에게 예측을 당할 수 있으므로 주의해야 한다.

클리어, 스매시, 드롭샷은 하나같이

클리어, 스매시, 드롭샷은 오버헤드 스트로크의 일종으로 거의 같은 움직임에서 이루어진다고 볼 수 있다. 따라서 준비동작에서부터 타구 직전까지는 거의 똑같은 동작에서 이루어지나 임팩트 순간의 차이에 따라 세 가지의 스트로크로 분류된다고 생각하면 된다.

만약 여러분이 이 세 가지 스트로크를 거의 똑같은 모션으로 할 수 있다면 상대방은 상당한 혼란을 일으킬 것이다. 이러한 동작을 하기 위해서는 점프 동작이 필수적이며, 임팩트 순간 손목의 각도와 스피드를 조절할 수 있어야 한다.

세계적인 선수들의 동작을 유심히 관찰해보면 이러한 오버헤드 스트로크 동작의 변화를 느껴볼 수 있을 것이다.

헤어핀 (hairpin)

셔틀콕이 네트를 넘나드는 모습이 머리핀을 네트에 걸쳐놓은 것과 비슷하다고 해서 헤어핀이라고 한다. 헤어핀은 네트 앞에서 살짝 떨어뜨리는 감각적인 스트로크로서, 네트 가장자리에 떨어지는 셔틀콕을 거꾸로 상대 네트로 아슬아슬하게 넘겨서 상대 선수를 최대한 앞으로 다가오게 만드는 기술이다. 이렇게 하면 다음 공격으로 연결하기 쉽고 공격할 기회도 만들 수 있다. 특히 네트인(net in, 셔틀콕이 네트에 맞고 상대편 코트로 들어가는 것)이 되면 가장 좋은데 네트인이야 말로 진정한 헤어핀이다. 배드민턴 경기에서 매우 중요한 부분을 차지하는 네트 플레이에서 헤어핀은 매우 효과적이다.

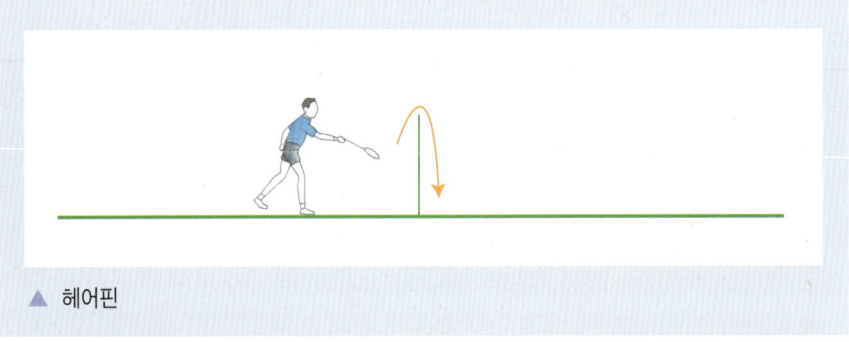
▲ 헤어핀

스핀 헤어핀 (spin hairpin)

스핀 헤어핀이란 셔틀콕의 코르크 부분을 순간적으로 끊어쳐서 스핀을 걸어 셔틀콕이 불규칙하게 움직이게 하는 고도의 기술이다. 일반 헤어핀에 비해 결정타로 구사할 수 있고 반격을 당하지도 않는다.

이 기술은 국가대표 선수들도 받아내기 어려울 정도이며, 상대의 반격을 무기력하게 만들 수 있어 스핀 헤어핀으로 네트 앞을 점령하면 경기의 주도권을 잡을 수 있다.

▲ 코르크를 짧게 끊어치면서 스핀을 걸어 셔틀콕에 회전을 준다.

크로스 헤어핀 (cross hairpin)

크로스 헤어핀은 상대가 한쪽에 치우쳐 있을 때 재빠르게 반대편으로 보내는 스트로크이다. 이때 힘 조절을 정교하게 해서 셔틀콕이 마치 네트를 타고 넘어가듯이 쳐야 한다.

셔틀콕을 친다라기 보다는 라켓면에 얹는다는 느낌으로 치되, 초보일 때는 팔 전체를 이용해서 친다. 그리고 보다 숙련된 후에는 손목을 이용하여 치도록 한다.

손목과 라켓의 각도등을 조절해야 하는 고난도의 스트로크이다.

▲ 크로스 헤어핀은 셔틀콕이 네트를 타고 넘어 가듯이 친다.

① 포핸드 크로스 헤어핀

오른쪽으로 반원을 그리듯이 스윙을 하다가 임팩트 순간에 자신의 왼쪽 어깨 쪽으로 친다는 느낌으로 손목을 감아 친다.

② 백핸드 크로스 헤어핀

포핸드와는 반대 방향인 왼쪽으로 반원을 그리듯이 스윙을 하다가 임팩트 순간에 손목을 젖히면서 친다.

> **TIP 순발력의 중요성**
>
> 헤어핀은 셔틀콕의 속도를 줄이는 타구이므로 순간의 판단 착오로 네트에 걸리거나 높이 뜨게 되어 상대에게 유리할 수도 있다. 따라서 타점의 높낮이, 타구의 속도, 네트와의 거리, 자세 등을 빨리 판단할 수 있는 순발력이 중요하다.

푸시(push)

푸시는 단식보다는 주로 복식에서 많이 쓰는 스트로크로 네트 앞쪽에 뜬 셔틀콕을 상대 선수의 허리 부분을 향해 강하게 타구하는 기술이다. 셔틀콕의 속도를 조절해 다채로운 변화를 줄 필요가 있으며 배드민턴 스트로크 중에서 가장 어려운 기술 중의 하나이다.

푸시는 원스텝 점프 후 착지와 동시에 구사한다. 따라서 원스텝 점프가 익숙해져야 먼 곳에서도 푸시를 할 수 있다. 코트의 오른쪽이든 왼쪽이든 원스텝 점프 후 푸시한다.

경기 중에 푸시를 할 때는 네트 앞까지 과감하게 돌진해서 쳐야 하므로 그런 연습을 해두는 것이 좋다. 중요한 점은 라켓뿐만 아니라 몸 전체를 셔틀콕 방향으로 향하여 뛰어드는 것이다.

▲ 푸시

포핸드 푸시

오른발을 셔틀콕이 있는 장소로 원스텝 점프 후 착지한다. 이때 가장 중요한 것은 점프 후 착지이므로 앞꿈치가 닿음과 동시에 뒤꿈치도 닿아야 한다는 것이다. 그래야 몸의 중심이 유지되고 원위치로 돌아오기가 쉽다. 그 다음 중요한 것은 착지 때 앞발이 셔틀콕을 향해 있어야 한다. 그래야만 발목과 무릎 등의 부상을 방지하고 올바른 자세가 나온다. 가능한 한 몸 앞쪽의 높은 위치에서 임팩트 지점을 포착하여 손목만이 아닌 팔꿈치와 손목을 같이 이용하여 짧고 날카롭게 스윙한다. 그리고 바로 라켓을 몸 중심으로 이동하여 다음을 준비한다.

① 숙련자 연습 방법

1 셔틀콕이 있는 장소로 원스텝 점프 후 착지한다. 이때 오른발은 셔틀콕 방향을 향해야 한다.

2 오른발 착지와 동시에 강하게 타구한다. 임팩트 순간에는 팔꿈치부터 손목까지 힘을 실어주며 숙달됐을 때는 스윙을 짧게 끊어친다.

초보자가 푸시를 연습할 때는 네트보다 약간 위에서 셔틀콕을 스매시한다는 생각으로 치면 된다. 어쨌든 네트 근처에서 각도가 큰 강한 볼을 친다는 것을 직접 느끼는 것이 중요하다. 감각을 익힌 후에는 서서히 스윙을 작게 하고 라켓을 빨리 되가져오도록 한다.

② 초보자 연습 방법

1 셔틀콕이 있는 장소로 원스텝 점프 후 착지한다. 이때 오른발은 셔틀콕 방향을 향해야 한다.

2 오른발 착지와 동시에 강하게 타구한다. 임팩트 순간에는 팔꿈치부터 손목까지 힘을 실어준다.

백핸드 푸시

오른발을 셔틀콕이 있는 곳으로 옮겨 뒤꿈치부터 착지한다. 스윙은 포핸드와 마찬가지로 짧고 강하게 하되 손목뿐만 아니라 팔꿈치부터 앞 팔 전체를 이용한 짧고 강한 스윙을 한다.

1 셔틀콕이 있는 장소로 이동하여 착지한다. 이때 오른발은 셔틀콕 방향을 향해야 하고 그립은 백핸드로 전환한다.

2 오른발 착지와 동시에 강하게 타구한다. 임팩트 순간에는 순간적으로 손목을 몸 안쪽에서 몸 바깥쪽으로 강하게 꺾어 쳐야 한다.

TIP 푸시 시 주의할 점

푸시 임팩트 시에는 짧게 끊어서 치고, 타구 후에는 빨리 준비 자세를 취한다. 그리고 점프 동작이 이루어지는 푸시는 앞꿈치가 먼저 떨어지면서 동시에 뒤꿈치가 착지하도록 한다.

언더 핸드 클리어 (under hand clear)

네트 근처에 떨어지는 셔틀콕을 상대방의 머리를 넘길 정도로 높게 멀리 치는 스트로크로서 하이 클리어처럼 수비형 스트로크이다.

팔로 밀어 올리려고 하지 말고 임팩트 순간에 손목을 젖혀야 네트에서 짧게 떨어지는 셔틀콕을 길게 쳐 올릴 수 있다.

포핸드 언더 핸드 클리어

1 왼발 뒤꿈치를 들고 자세를 낮추어 오른발을 내딛는다.

2 떨어지는 셔틀콕을 끝까지 주시하며 라켓을 셔틀콕 방향으로 가져간다.

3 손목을 이용하여 아래에서부터 위로 꺾어친다.

4 오른손을 왼쪽 어깨 위까지 자연스럽게 올려준다.

TIP 손목 운동

손목 힘이 약하면 클리어가 잘 되지 않는다. 손목 힘을 기르고 스윙 스피드를 늘리기 위해서 라켓에 커버를 씌우고 연습을 반복하는 것도 좋다.

백핸드 언더 핸드 클리어

1 왼발 뒤꿈치를 살짝 들고 자세를 낮추어 오른발을 내딛는다.

2 떨어지는 셔틀콕을 끝까지 주시하며 라켓을 셔틀콕 방향으로 가져간다.

3 손목을 이용하여 아래에서부터 위로 꺾어친다.

4 오른손을 오른쪽 어깨 위까지 자연스럽게 올려준다.

> **TIP** 손목 힘의 중요성
>
> 클리어를 칠 때 세게 치려다보면 어깨에 힘이 들어가게 된다. 이런 경우에는 어깨에 힘을 빼고 임팩트 순간에 손목을 꺾어 치는 것이 좋으며, 팔은 곧게 펴야 한다. 팔이 구부러 지면 손목을 이용할 수 없어서 클리어를 치기가 상당히 어려워진다.

드라이브 (drive)

드라이브는 어깨 높이 정도의 셔틀콕을 코트와 거의 평행하게 네트에서 뜨지 않고 강하게 보내는 스트로크를 말한다. 단식보다는 주로 복식에서 많이 사용되는 기술이다. 컨트롤에 연연하기보다는 살아있는 강한 볼을 쳐야 한다는 점을 명심하자.

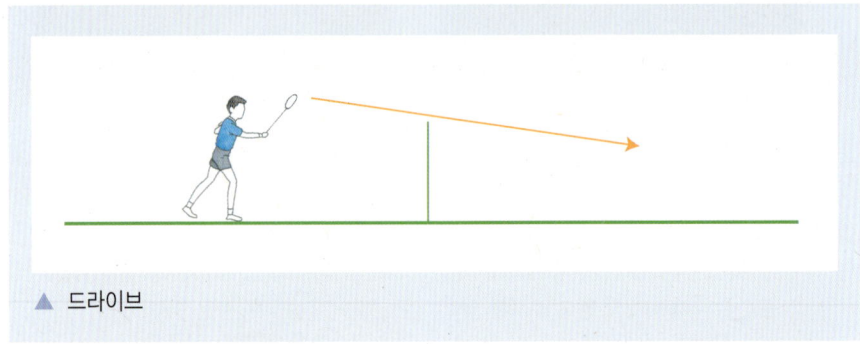

▲ 드라이브

포핸드 드라이브

1 양발을 어깨 너비보다 넓게 벌리고 상체를 오른쪽으로 틀며 백스윙한다. 이때 왼발 뒤꿈치를 자연스럽게 들어서 틀어준다.

2 팔을 곧게 펴면서 손목을 이용하여 강하게 타구한다. 이때 임팩트 지점은 측면 전방에서 이루어져야 한다.

백핸드 드라이브

1 오른발을 내딛으면서 백핸드 그립을 잡고 백스윙 한다. 이때 팔꿈치는 어깨 높이 정도로 올리고 왼발 뒤꿈치를 자연스럽게 들어서 틀어준다.

2 팔을 곧게 펴면서 손목을 이용하여 강하게 타구한다. 이때 임팩트 지점은 측면 전방에서 이루어져야 한다.

TIP 드라이브할 때의 요령

❶ 힌 템포 빠르게 친다
셔틀콕을 보다 강하고 살아있게 치는 것이 드라이브의 생명이다. 그러므로 셔틀콕이 몸 쪽으로 오기를 기다렸다가 치기보다는 앞쪽에서 한 템포 빠르게 타구하는 것이 중요하다.

❷ 타점의 높이로 파워를 조절한다
네트보다 타점이 높을 때는 강하게, 낮을 때는 힘을 빼고 무의식적으로 타구한다.

❸ 상대의 반구도 빨라진다
복식에서의 드라이브는 쫓아가기 힘들 정도로 빠르게 코트의 좌우를 날아다닌다. 그러므로 재빨리 다음 자세를 취해 두는 것이 중요하다.

❹ 포와 백을 빠르게 전환힌다
포핸드와 백핸드 전환을 민첩하게 해야 한다. 상대로부터 오는 반구가 빠른데다가 드라이브가 좌우로 마구 들어오므로 포의 백과 전환이 가장 어려우면서도 중요한 테크닉이다.

❺ 상대의 좌우를 노린다
드라이브에서 노리는 코스는 스매시와 마찬가지로 상대의 포 사이드, 백 사이드, 보디 근처가 기본이다. 강한 볼로 상대의 좌우를 정신없게 만들어야 하므로 이 세 코스에 모두 강한 볼을 보낼 수 있도록 반복 연습해야 한다.

드라이브 시 주의할 점

드라이브 할 때는 오른발이 네트쪽을 향해서는 안된다. 날아오는 셔틀콕 쪽을 향해야만 발목과 무릎 등의 부상을 방지할 수 있고 자세가 흐트러지지 않는다.

▲ 오른발은 셔틀콕이 날아오는 방향으로 향해야 한다.

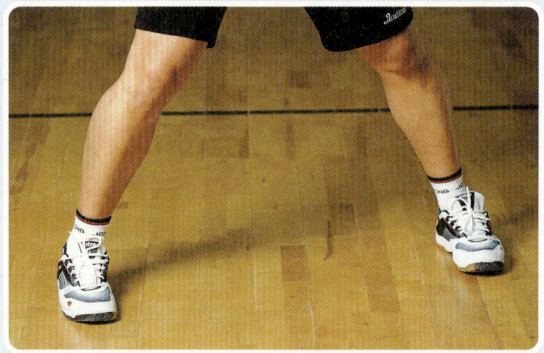

▲ 오른발이 네트를 향하면 스윙에 무리가 가기 때문에 부상의 우려가 있다.

 ## 드라이브는 짧은 동작으로

　현역시절 나와 김문수 선수와의 가장 강력한 라이벌로서 중국의 리용보-티안빙이 조가 있었다. 이들의 경기 스타일은 스피드를 최우선 순위로 하여 경기를 이끌어 갔는데, 특히 드라이브는 너무나 빠르고 강력해서 랠리 중 무척 고생했던 경험이 생생하다.

　이들은 상대의 스매시 공격을 드라이브로 반격하고 상대의 드라이브를 더 강력한 드라이브로 맞받아쳤다. 이러한 드라이브를 할 수 있었던 것은 강한 손목과 함께 전광석화 같은 짧고 간결한 스윙 동작이었다.

　따라서 드라이브란 그 만큼 빠르고 짧게 되돌아오는 스트로크이므로 한 번에 큰 동작으로 강한 드라이브를 치면 다음 준비자세에서 많은 허점이 노출된다. 그러므로 짧은 동작에서 이루어져야 한다는 것을 항상 마음속에 새겨두자.

사이드 원 점프 스매시 (side one jump smash)

옆으로 날아오는 셔틀콕을 점프하여 재빨리 낚아채는 기술의 스트로크이다. 주로 복식게임 중에 네트 앞쪽에서 많이 사용하며 몸의 스피드가 빨라야만 구사할 수 있으므로 초보들이 하기에는 다소 어렵다.

포핸드 원 점프 스매시

옆으로 오는 셔틀콕을 오른발을 이용해 점프하여 최대한 위에서 타구한 후 착지한다.

1 준비 자세를 취한다.

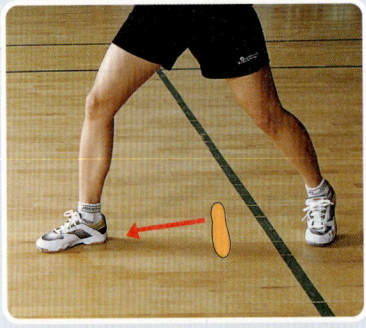

2 상체를 오른쪽으로 틀면서 오른발을 내딛는다. 이때 오른발의 방향은 사이드를 향한다.

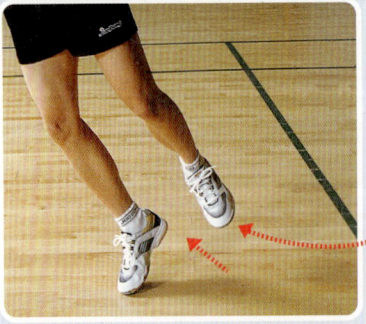

3 오른발 착지와 동시에 셔틀콕 방향으로 점프하여 스윙한다.

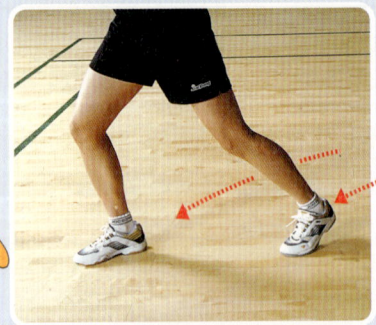

4 스윙 후 두발로 동시에 착지한다.

라운드 원 점프 스매시

왼쪽 옆으로 오는 셔틀콕을 백핸드로 치지 않고 허리를 왼쪽으로 숙이면서 왼발을 이용하여 점프한 뒤 최대한 위에서 타구한다. 단, 상체는 반드시 네트를 향한다.

1 준비 자세를 취한다.

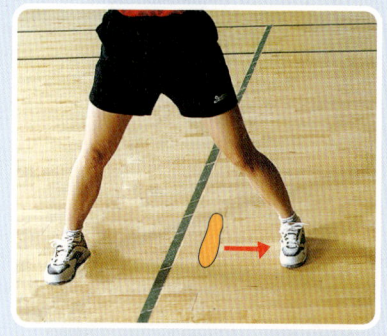

2 왼발을 크게 내딛는다. 이때 왼발의 방향은 정면을 향한다.

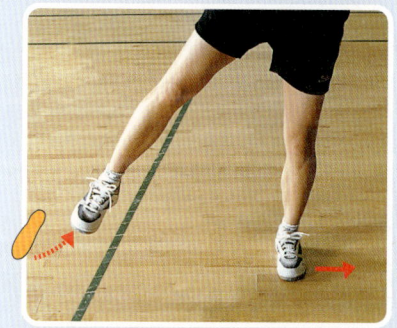

3 왼발 착지와 동시에 점프한다. 이때 허리를 왼쪽으로 기울여야 한다.

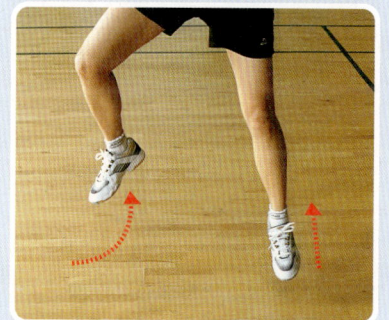

4 점프 상태에서 포핸드 스윙을 한 후 착지한다.

> **TIP** 라운드 원 점프 시 주의할 점
>
> 스윙을 할 때 오른쪽 어깨가 앞으로 나오면 대각선으로 치기 어려울 뿐 아니라 직선으로 칠 경우에도 아웃될 가능성이 높으므로 주의한다. 또한 착지할 때 왼쪽 발목에 몸의 중심이 실리기 때문에 발목 강화 훈련이 중요하다.

PART 04

필승 전략을 세우자

1. 공격
2. 수비
3. 포메이션
4. 로테이션
5. 상대 특징에 따른 대응 전략

Chapter 01 공격 Offense
Tatics for Winning

배드민턴 경기도 다른 스포츠와 마찬가지로 수비보다는 공격 위주로 해야 승률이 높아진다. 그러므로 선제 공격으로 시합을 리드해 나가는 것이 중요하다.

수비할 때도 셔틀콕을 띄우지 말고 공격적으로 맞받아 쳐서 상대방이 연속적으로 공격할 수 없도록 하는 것이 승패의 관건이기도 하다. 물론 수비도 중요하지만 같은 실력으로 본다면 결국 수비 위주의 경기 운영은 승리하기가 힘들다.

배드민턴 경기 중 특히 복식에서의 공격은 다양한 방법과 시스템으로 상대를 공략할 수 있다. 즉, 복식에서는 '길' 이라는 것이 있는데 이 '길' 을 알면 게임하기가 상당히 편해지지만 이 길을 알기까지가 상당히 오래 걸린다.

네트 점령

복식 경기에서 가장 중요하다고 할 수 있는 것이 네트의 점령, 즉 네트 플레이다. 누가 빨리 상대방보다 먼저 네트 앞을 점령하여 공격을 하느냐가 승패의 중요한 요소가 된다. 간혹, 국가 대표들간의 경기를 유심히 살펴보면 거의 네트 앞에서 승패가 이루어지는 것을 볼 수 있을 것이다. 후위에서 때리는 강한 스매시로 랠리를 결정짓기도 하지만 무엇보다도 네트 앞에서의 빠른 움직임과 강한 드라이브, 푸시로 결정을 짓는 것이다.

네트 플레이를 잘하기 위해서는 몸도 빨라야 하지만 더욱 중요한 것은 상대방이 치려는 방향을 미리 간파하는 예측력, 셔틀콕의 방향 및 각도에 따라 대응 방법을 결정하는 판단력, 그리고 네트에 걸리는 것을 두려워하지 않는 과감한 플레이 등이 필요하다.

스매시의 역할

스매시를 구사할 때는 보통 에이스를 노리는 경우와 상대를 제압하여 랠리를 유리하게 전개하려는 경우이다. 그러나 이러한 의도도 실력에 따라서 달라질 수 있다. 예를 들면 초보자끼리 경기를 할 때는 아직 리시브가 약하기 때문에 에이스를 노리고 치는 경우가 많다. 하지만 중급자라면 상대의 리시브가 뜨게 하는 등의 실수를 유도할 수도 있다. 그리고 상급자가 되면 거의 받아칠 수 있으므로 에이스를 노리기보다는 상대를 제압하려는 의도가 강하다.

그렇다고 계속 스매시만 치는 것이 좋은 것은 아니다. 스매시는 임팩트시 힘을 거의 100% 사용하는 스트로크이기 때문에 체력 소모가 많고 스매시 이후 다음 동작이 순간적으로 늦어질 수도 있다. 따라서 스매시가 어설프게 구사됐을 경우에는 오히려 역습을 당할 수도 있다는 것을 염두에 두어야 한다.

그러면 스매시 공격을 효과적으로 하기 위한 요건들을 알아보자. 첫째, 스매시의 강약을 조절한다. 보통 스매시를 강하게만 치려다가 코스나 상대방의 수비 위치 등을 놓치는 경우가 있다. 그러면 스매시의 효과는 떨어지고 체력만 낭비된다. 둘째, 강하게 때릴 때와 약하게 때릴 때 그리고 백 쪽, 포핸드 쪽, 몸 쪽 등 방향에 따라 높게 때릴 때와 낮게 때릴 때를 잘 판단해야 한다. 스매시를 하는 사람은 투수와 비슷하다. 투수가 공을 던질 때 강약과 코너워크, 타자와의 심리전을 벌이면서 한 구 한 구 던지듯이 스매시도 마찬가지다. 중요한 것은 상대의 준비 상태를 보고 반대쪽으로 타구할 수 있는 심리적인 여유가 어우러져야 좋은 스매시라 할 수 있다. 셋째, 엔드라인에 가까운 볼은 하프 스매시가 효과적이다. 무리하게 풀 스매시를 하면 상대에게 역습을 당할 위험이 있으므로 일단 하프 스매시로 공격 후 다음 기회를 노리는 것이 좋다.

드롭샷의 역할

드롭샷은 복식보다는 단식에서 많이 사용되는 스트로크이다. 드롭샷을 하는 목적은 에이스를 노리는 경우도 있지만 그 보다는 상대를 네트 앞으로 끌어들여서 다음에 오는 셔틀콕을 공략하기 위해서이다. 초보자 경기에서는 에이스를 노리는 경우가 많지만, 중급자나 상급자 경기에서는 드롭샷은 거의 다 받아내므로 너무 무리하게 에이스를 노리는 것은 삼가해야 한다. 일단 코스를 잘 선택해서 상대방을 많이 움직이게 한 후 그 다음에 공략할 수만 있으면 되는 것이다.

공격 후 신속한 다음 준비

공격 후에 다음 동작 준비를 빨리하지 못하면 후위 공격에서 불리해진다. 사소한 것 같지만 이 부분에서 실력 차이가 많이 생기게 된다. 실력이 좋은 사람은 빨리 준비하여 다음에 오는 셔틀콕을 스매시나 드라이브로 계속 공격할 수 있다. 반면에 실력이 부족한 사람은 준비가 느리기 때문에 셔틀콕을 놓치거나 띄우게 된다. 그러면 공격의 맥이 끊어지고 역습을 당하게 되므로 체력적으로도 많은 낭비라 하겠다.

공격 후의 준비를 빨리 하기 위해서는 공격을 할 때 다음 셔틀콕의 방향도 예상해야 하겠지만, 타구 후에 그 자리에 서있지 말고 홈포지션에 빨리 들어가는 것이 중요하다. 그래야만 상대의 리시브가 어느 방향으로 오든지 연속으로 타구할 수 있다.

신속한 예비 동작

셔틀콕을 치러 나갈 때 홈포지션에서 가만히 있다가 출발하지 말고 날아오는 셔틀콕을 빨리 처리할 수 있도록 미리 한발 정도 움직이며 예비 동작을 취해야 한다. 특히 전위에 있는 사람이 예비 동작을 많이 해야 네트 플레이를 잘 할 수 있다.

> **TIP 강약의 조건**
>
> 한번에 강한 공격을 하여 포인트를 얻는 것도 중요하지만 가볍게 드롭샷이나 하프 스매시로 상대를 움직이게 한 후 강하게 공격하는 것이 바람직하다. 이때 가볍게 찬스를 보는 중에서도 몸 동작은 빠르게 이루어져야 한다.

PART 4 필승 전략을 세우자

TIP 전위 플레이어가 알아야 할 사항

① 그립은 가능하면 짧게 잡는다.
② 후위 파트너의 원활한 공격을 위해 자세를 약간 숙인다.
③ 서비스 라인에서는 손목을 이용한 스트로크를 하고 네트 근처에서는 손가락으로 스트로크하는 느낌으로 한다.
④ 팔 전체로 스윙을 하면 스트로크가 느려진다.
⑤ 드라이브는 끊어 친다. 높은 드라이브는 후위로 빠지면서 잡는다.
⑥ 푸시를 할 때 네트에 높게 뜨지 않았을 경우에는 상대 선수를 향해 타구한다.

 **아시아와 유럽 선수들의 공격 스타일**

　한국을 비롯한 아시아 선수들의 공격의 특징은 높은 점프와 웨이트트레이닝으로 단련된 빠른 파워 스매시로 상대를 압도하는 데에 있다. 반면에 유럽 선수들은 그다지 강력하지는 않지만 큰 키에서 내려꽂는 각도 큰 스매시가 일품이다.

　국가대표 초창기 시절 유럽 선수와 경기를 하면 큰 키에서 내려꽂는 각도 큰 스매시에 수비 타이밍을 맞추느라 고생을 많이 했다.

　강한 공격과 각도 큰 스매시도 좋지만, 특히 상대의 허를 찌르는 스매시와 수비의 타이밍을 빼앗는 공격이다. 그러므로 가벼운 드롭이나 하프 스매시 등으로 상대의 움직임을 많게 하여 가볍게 기회를 엿보다가 강한 공격으로 이루어지도록 하는 것이 좋다.

Tatics for Winning

수비 Defense

Chapter 02

배드민턴은 공격과 수비가 빠르게 전환되는 경기이다. 스매시의 파괴력이 아무리 좋아도 수비력이 없으면 상대를 제압할 수가 없다.

서로의 공격력과 수비력이 대등한 수준일 때는 끈질기게 리시브되기 때문에 랠리가 오랫동안 지속된다. 랠리가 지속되기 위해서는 수비력이 기본이며 수비력이 갖춰져야 공격의 기회도 노릴 수 있는 것이다. 그 만큼 수비도 공격만큼 중요하다.

∷ 수비도 공격

일반적으로 초보자들은 수비를 할 때 셔틀콕을 띄워 올리는 경우가 많다. 그렇게 되면 상대에게 또 다시 찬스를 만들어 주게 되므로 무조건 올리는 것은 좋지 않다. 그렇다고 셔틀콕을 올려 상대 코드 엔드 라인 가까이에 보내는 것도 쉽지 않다.

그러므로 셔틀콕을 네트 앞에 살짝 떨어뜨리거나 공격해오는 셔틀콕을 또다시 공격적으로 맞받아 치는 것이 최선의 수비 방법이다.

수비의 기본은 준비 자세

상대가 스매시로 공격해 오는 경우는 대부분 상대에게 셔틀콕을 높게 멀리 쳤을 경우이다. 이때 자신은 자세를 갖출 시간이 충분하다.

우선 홈포지션으로 돌아와 양팔을 어깨너비나 그보다 조금 넓게 벌리고 중심을 발끝에 둔다. 이때 한쪽 발(대부분은 오른발)을 앞으로 내미는 사람도 있는데, 크게 상관은 없다. 그리고 무릎을 살짝 굽히고 자연스러운 자세로 선다. 라켓을 몸 옆쪽에 두고 팔꿈치를 살짝 펴서 사진처럼 90도 정도 벌린다.

그립은 단식일 때는 포핸드를, 복식일 때는 백핸드를 의식하는 것이 좋지만 어느 쪽이든 상관은 없다. 그리고 상체는 살짝 앞으로 숙인다. 이런 자세를 취하면 스매시를 예상하고 있다가 셔틀콕이 갑자기 앞에 떨어질 때 반응하기 쉽다. 단, 뒤쪽 타구를 치기는 조금 힘들어지지만 어느 정도 셔틀콕의 체공 시간이 긴 타구라면 대응할 수 있게 된다.

▲ 수비의 기본 자세

TIP 준비 자세의 중요성

사람에 따라 다른 쪽 발을 내밀거나 앞으로 많이 숙여도 좋다. 결국은 자신이 라켓을 내밀기 쉽고 움직이기 쉬운 자세가 좋기 때문이다. 기량이 좋은 선수가 치는 빠른 스매시는 인간의 반응 시간의 한계를 넘는 속도라고 한다. 이렇게 빠른 셔틀콕을 받아쳐야 하기 때문에 완벽한 준비 자세가 그만큼 중요하다.

백핸드의 수비 범위

수비에 있어서 중요한 점은 백핸드가 리시브의 기본이라는 것이다. 오른손잡이라면 라켓은 오른쪽 어깨를 기준으로 움직인다. 오른쪽 어깨보다 더 오른쪽으로 오는 타구는 포핸드로 처리할 수도 있지만 그리 쉽지 않다.

이때 사용하는 것이 백핸드이다. 실제로 라켓을 쥐었다고 생각해보자. 오른쪽 어깨보다 왼쪽이나 몸 정면으로 오는 타구에도 비교적 쉽게 대응할 수 있다. 또한 오른쪽 팔꿈치를 뒤로 빼면 오른쪽 어깨보다 더 오른쪽으로 오는 타구도 처리할 수 있다. 즉, 백핸드의 경우 적어도 몸의 폭 만큼은 수비 범위가 넓어지는 것이다. 특히 오른발을 움직이거나 몸을 빼면 수비 범위는 더욱 넓어진다. 능숙해지면 빠른 스매시가 몸 정면으로 와도 백핸드로 쉽게 리시브할 수 있다. 또한 손목 동작에도 무리가 없다.

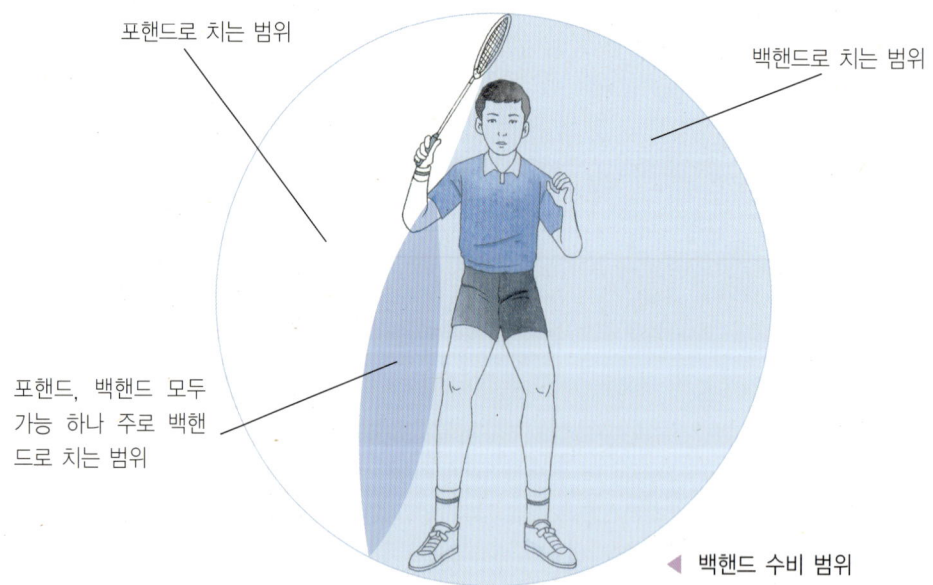

◀ 백핸드 수비 범위

리시브의 원칙

리시브에는 몇 가지 원칙이 있다. 우선 빠른 타구는 네트 상단에 맞춘다는 생각으로 리시브한다. 그러면 상대는 다음에 치기 쉽도록 위로 뜬 리시브를 노리면서 스매시를 한다. 이때 상대의 의도대로 하지 않으려고 상대의 엔드라인까지 보내려고 받아치는 경우가 있는데, 스매시에 반응하기 위해서는 민첩한 반사 신경과 예리한 스윙이 필요하므로 초보자에게는 조금 무리이다.

그렇다면 치기 쉬운 타구를 보내기보다는 상대의 타구 속도를 적절하게 줄여서 네트 앞에서 컨트롤하는 것이 바람직하다. 또한 랠리 중에 불리한 자세가 되었을 때는 백 상대의 엔드라인까지 높게 띄운다. 이렇게 하면 셔틀콕이 떨어질 때부터 상대가 칠 때까지 약간의 시간을 벌 수 있으므로 그 사이에 자세를 가다듬으면 된다. 즉 빠른 타구는 리턴도 빨라진다. 따라서 불리한 자세에서 빠른 타구를 보내는 것은 바람직하지 않다.

스매시 수비

스매시의 리시브는 네트 근처로 하는 것이 기본이다. 이때 네트에 너무 가깝게 떨어뜨리기 보다는 네트에서 뜨지 않으면서 약간 벗어나도록 속력을 주어 넘기는 것이 안전하다. 스매시 리시브에서 가장 주의해야 할 것이 상대방의 푸시와 헤어핀 등으로 역습을 당하는 것이다.

자세가 안정적이면 네트 근처에서만 플레이를 하는 것보다 가능한 한 엔드라인에 떨어뜨린다는 기분으로 상대방의 머리 위로 넘기는 것도 효과적이다(그림 1).

보디 어택(body attack)은 라켓을 쥔 쪽의 어깨를 향해서 공격하는 것이다. 이에 대응하기 위해서는 상반신을 뒤쪽으로 재빨리 젖혀 라켓을 휘두를 수 있는 공간을 만들어야 한다(그림 2).

스매시가 날아오는 방향은 양 사이드와 몸 쪽 등 3군데이지만 이에 대한 반구는 아래 그림처럼 대각선 스매시는 스트레이트(1)로, 보디 어택은 좌우 크로스(2,3)로,

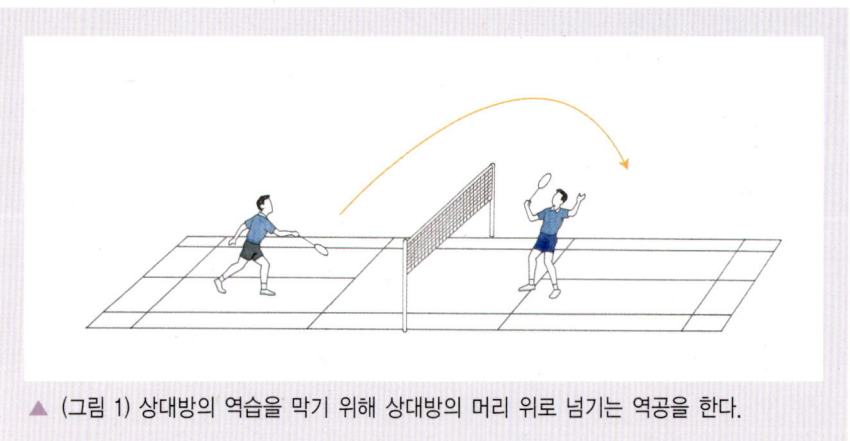

▲ (그림 1) 상대방의 역습을 막기 위해 상대방의 머리 위로 넘기는 역공을 한다.

그리고 일직선 스매시는 크로스(4)나 스트레이트(5) 등 5가지 패턴으로 대응할 수 있다(그림 3).

셔틀콕은 대개의 경우 네트 근처로 보낸다. 또한 스매시를 받아칠 충분한 자세가 되어있다면 드라이브 리시브도 효과적이다. 만약 강한 드라이브를 칠 수만 있다면 상대방을 꼼짝못하게 할 수 있다.

▲ (그림 2) 셔틀콕이 라켓을 든 어깨쪽으로 올 때는 상반신을 빨리 젖힌다.

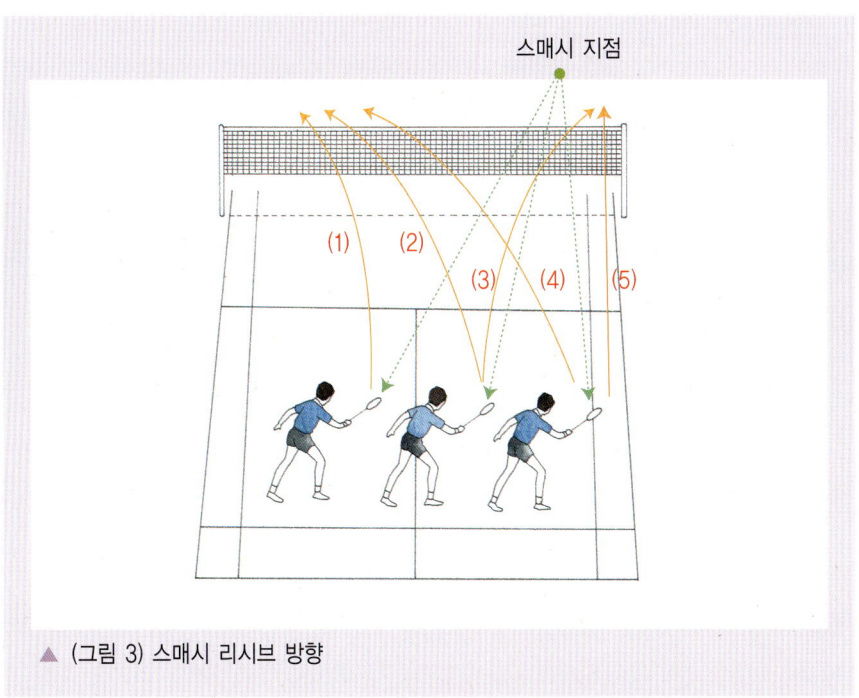

▲ (그림 3) 스매시 리시브 방향

상대방의 공격 위치에 따른 예비 동작

 공격에서와 마찬가지로 수비에서도 상대방의 공격 위치에 따라 예비 동작을 잘 취한다면 아무리 강한 공격이 와도 대응하기가 쉬워진다. 특히 초보일 경우 실전에서 많이 경험하게 되는데, 백핸드가 서투르기 때문에 포핸드로 취하는 경우가 많다. 대각선이나 직전으로 오거나 포핸드 준비 상태에서 백핸드 영역으로와서 라켓을 백핸드로 전환하지 못하는 경우에도 준비동작에 따라 쉬워질 수 있다.

벽치기 연습

벽치기는 수비와 백핸드 연습에 도움이 될 뿐만 아니라 백핸드와 포핸드의 전환을 빨리 할 수 있도록 한번씩 교대로 연습하는 데에도 좋다. 셔틀콕의 스피드와 높이에 따라 드라이브, 리시브 연습을 할 수 있다. 그림과 같이 높이와 스피드를 조절하여 다양한 연습을 해보자.

▲ 벽과의 거리는 1~3m 정도가 적당하고 거리와 스피드에 변화를 주면서 여러 가지 스트로크를 한다.

 **말레이시아의 시덱 형제 조**

   말레이시아의 국민적 영웅이었던 남자 복식조인 시덱 형제는 1980~1990년에 걸친 기간 동안 세계 최고의 수비 전문 복식조로 뛰어난 손목 힘을 이용해서 계속해서 높게 올리는 리시브가 이들의 전매특허였다.

   상대를 지치게 한 후 후반부부터 서서히 공격을 시도하여 승리를 이끄는 것이 이들의 전술이었다. 다만 쳐 올리는 스타일의 수비였기 때문에 공격적인 수비를 펼치지 못했던 것이 아쉬웠던 복식조였다.

   따라서 수비란 받아넘기는 것만이 능사가 아니라 빠른 드라이브 수비로 전환하는 공격적인 수비가 이루어져야 승리할 수 있는 것이다.

Tatics for Winning

포메이션 Formation

복식 포메이션에는 공격형 포메이션인 톱과 백(top & back), 수비형 포메이션인 사이드 바이 사이드(side by side), 혼합복식형 포메이션인 다이애거널(diagonal) 등 3가지 패턴이 있다.

●● 톱과 백 (공격형)

앞 사람이 홈포지션보다 조금 앞에 위치하고 후위가 그 바로 뒤에 위치하며, 두 사람 모두 센터라인 위에 선 진형이 톱과 백으로 복식의 공격형의 포메이션이다. 톱과 백은 유동적이지만 단식에서의 홈포지션에 해당하는 기본 진형으로 항상 이 진형을 기본으로 하기 바란다. 이 진형으로 있는 시간이 길면 길수록 승리는 가깝게 다가온다고도 할 수 있다. 전위는 동작이 빠르고 푸시에 능한 사람이 담당하고, 후위는 체력이 좋고 스매시가 강한 사람이 담당하면 좋다.

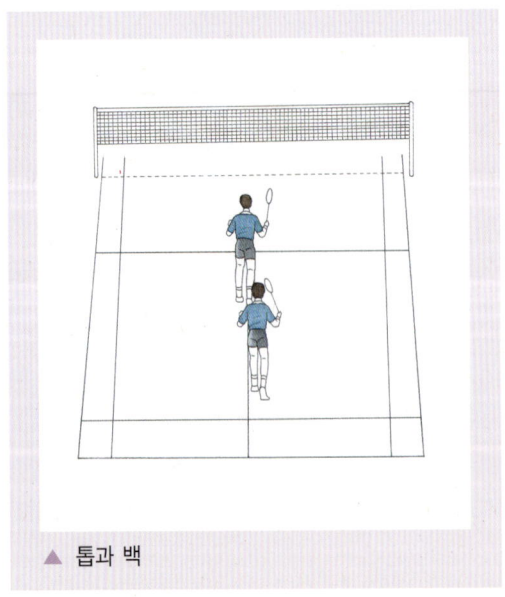

▲ 톱과 백

사이드 바이 사이드 (수비형)

톱과 백에 대한 수비형 포메이션이 사이드 바이 사이드이다. 두 사람이 옆으로 나란히 서서 상황에 따라 앞, 뒤로 약간씩 움직이면서 셔틀콕을 올려 버렸을 때 상대의 스매시 등의 공격에 대비한다.

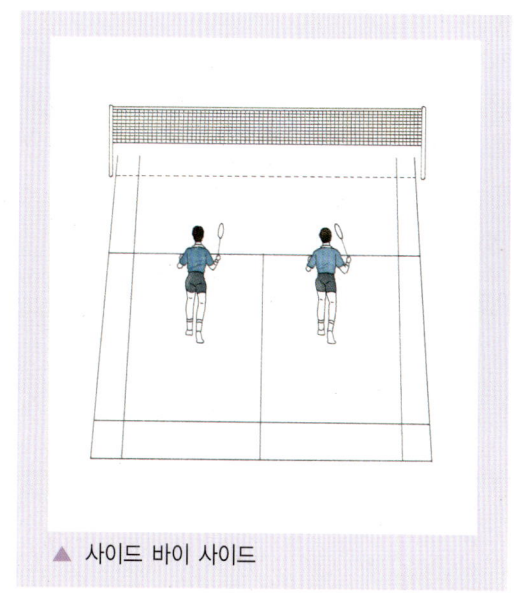

▲ 사이드 바이 사이드

다이애거널(혼합복식형)

혼합복식에서 주로 쓰이는 공격형 시스템의 일종으로 공격의 효과를 한 층 더 높이기 위한 포메이션이다. 코트를 대각선으로 2등분하고 각각 절반씩 수비를 분담한다. 전위와 후위의 결점을 없애고 둘이서 양쪽의 역할을 함께 한다는 의미가 있다.

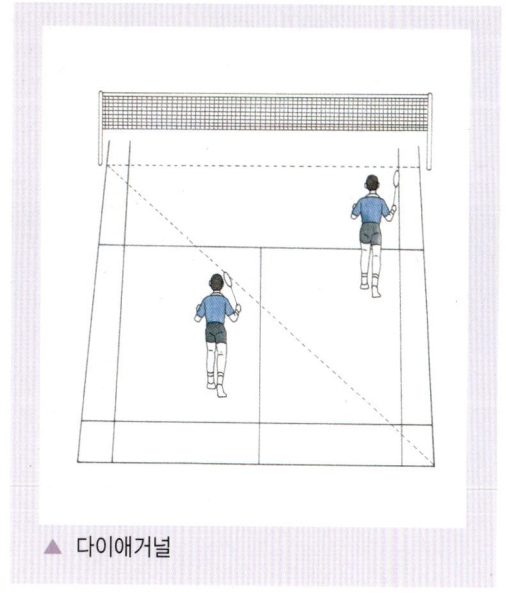

▲ 다이애거널

Tatics for Winning

로테이션 Rotation

Chapter 04

배드민턴 동호인들이 가장 이해하기 힘들고 어려워하는 것 중의 하나가 바로 복식경기에서의 로테이션 방법일 것이다. 복식 경기 로테이션이란 파트너와 서로 부딪치지 않고 두 몸이 하나처럼 자연스럽게 코트의 빈곳을 메워가며 원활히 복식 경기를 운영해 나가는 것을 말한다.

상대편으로부터 날아온 셔틀콕을 어느 쪽에 있는 사람이 어떤 구질의 스트로크를 하느냐에 따라서 두 사람의 로테이션은 시계 방향이나 시계 반대 방향 그리고 공격형 포메이션과 수비형 포메이션으로 결정되어진다고 볼 수 있다. 이처럼 말 없이 원활히 움직는 것을 로테이션이라고 할 수 있다.

∴ 공격형 로테이션

센터 라인에 전위와 후위로 나누어 공격형 포메이션인 톱과 벽을 이룬 후 한 사람은 코트의 전방을, 다른 한 사람은 후방을 담당하는 로테이션이다.

PART 4 필승 전략을 세우자

숏서브 시 전위와 후위

전위에 있는 서버 A가 숏서브를 넣을 때 다음 그림과 같이 전위와 후위에 위치한다. 이것이 기본적인 공격 로테이션이다 (그림 1).

전위에서 공격 시 로테이션

전위에 있는 선수 A가 헤어핀이나 푸시로 공략할 경우 그림과 같이 전위와 후위로 나누어 맡는다(예를 들어 왼쪽일 경우, 그림 2).

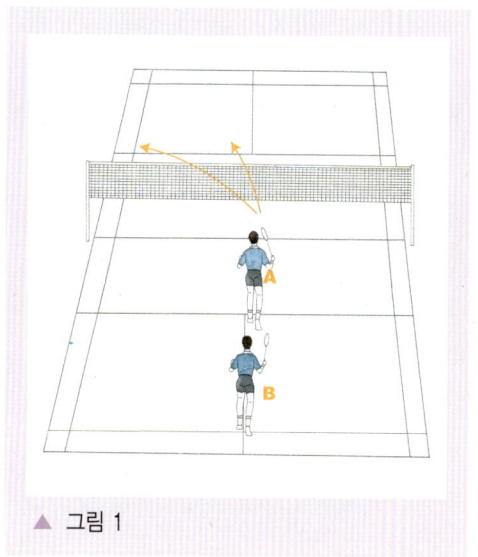
▲ 그림 1

후위에서 공격 시 로테이션

후위에 있는 선수 B는 주로 스매시나 드롭샷으로 공략하는데 이 경우에도 그림과 같이 전위와 후위로 나누어 맡는다. 이때 셔틀콕의 위치에 따라 A의 위치는 변한다 (그림 3).

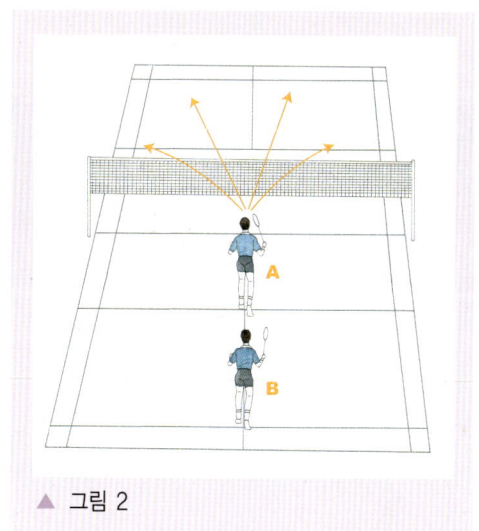
▲ 그림 2

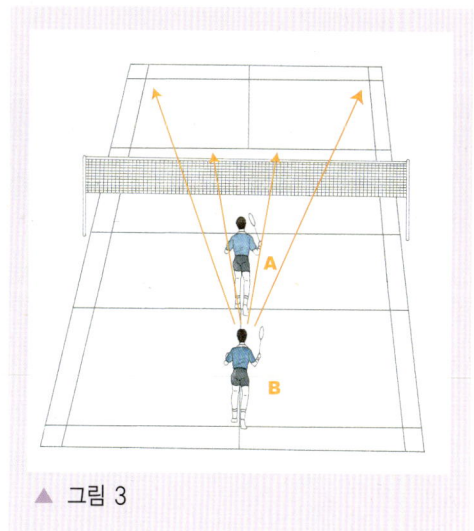
▲ 그림 3

수비에서 공격 전환

랠리 중에 전위(a′)에 있는 선수A가 상대의 공격 스트로크를 헤어핀이나 드라이브로 맞받아 공격할 경우에 A와 B는 A가 공격을 할 동시에 그림과 같이 전위(a′)나 후위(b′)로 빨리 위치하여 톱과 백 포메이션을 만든다. 이는 상대가 공격하기 전에 미리 마음 속으로 어떤 스트로크를 할 것인지 결정을 해야 한다. 그렇게 되면 치는 순간 자동으로 전위로 이동하게 된다(그림 4).

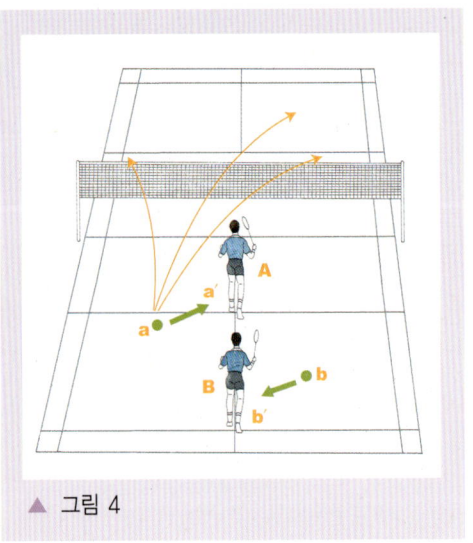

▲ 그림 4

수비형 로테이션

공격 로테이션은 코트를 전위와 후위로 나누어 위치하는 포메이션인데 반해 수비 로테이션은 코트를 좌측과 우측으로 나누어 수비형 포메이션인 사이드 바이 사이드를 기본으로 한다.

롱서브를 넣을 때의 로테이션

복식 경기에서 서브를 넣을 때는 일단 전위(a)와 후위(b) 로테이션을 유지하다가 서버가 롱서브를 넣은 후에는 재빨리 좌(b′), 우(a′)로 이동한다. 서브를 넣은 사람은 자신이 서브한 코트를 지키고 파트너는 옆 코트 전체를 지킨다.

롱서브의 경우 상대가 초구 공격을 할 가능성이 크므로 서버 A는 신속하게 이동해야 한다(그림 1).

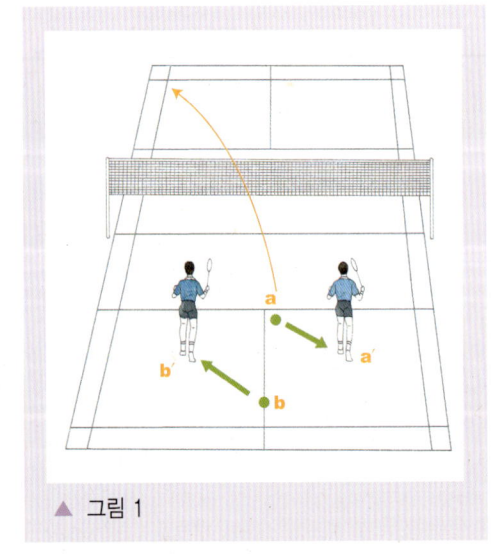

▲ 그림 1

후위에서 하이 클리어를 구사할 때의 로테이션

하이 클리어의 목적은 공격보다 전열을 가다듬고 수비에 치중하는 것이다. 그림과 같이 후위(a)에 있는 선수 A가 하이 클리어를 넣으면 전위(b)에 있는 선수 B는 셔틀콕이 날아가는 동안 좌(b′)로 재빨리 이동하고 A는 앞(a′)으로 전진하여 수비형 포메이션을 만들어야 한다 (그림 2).

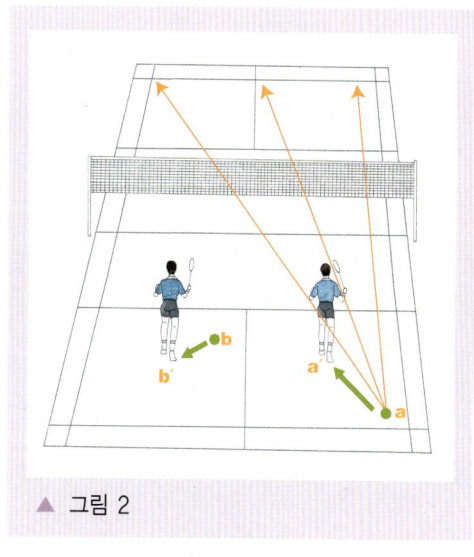

▲ 그림 2

전위의 리프트에 의한 로테이션

전위(a)에 있던 A가 상대의 스매시, 푸시 등의 공격 스트로크를 맞받아 상대편 코트 후위로 리프트(lift, 라켓을 들어올리듯이 셔틀콕을 치는 것)하면 A와 B는 재빨리 수비형 포메이션을 만든다. 여기서 주의할 점은 계속해서 리프트하면 수비에만 치중하게 되므로 리프트에만 치중하지 말고 기회를 봐서 맞 공격을 해야 한다(그림 3).

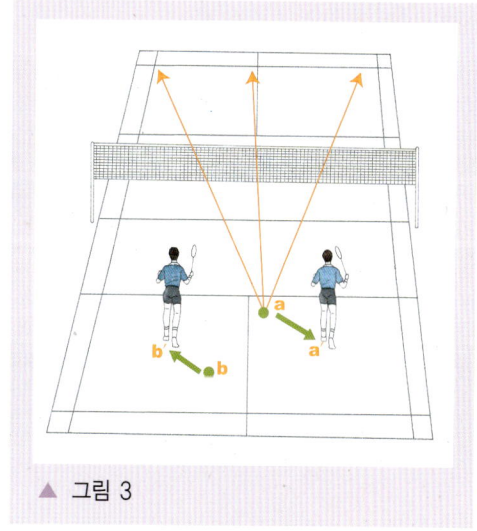

▲ 그림 3

◆◆ 혼합복식 로테이션

혼합복식의 로테이션은 동작이 빠르고 푸시에 능한 여자 선수가 전위를 담당하고, 체력이 좋고 스매시가 좋은 남자 선수가 후위를 담당한다. 여자 선수는 헤어핀이나 후위 드라이브를 구사하여 셔틀콕을 낮게 주면서 상대의 네트 플레이를 방지

해야 하고, 남자 선수는 여자 선수의 네트 플레이를 돕기 위해 낮은 스트로크를 구사해야 한다.

여자 선수의 리프트에 의한 좌, 우측 로테이션

여자 선수 A가 상대 코트에 직선으로 리프트하면, A는 재빨리 왼쪽 코트로 이동하고 남자 선수 B는 오른쪽 코트로 이동한다(그림 1). 반면에 A가 대각선으로 리프트하면 A는 오른쪽 코트에 그대로 있고 B도 그대로 있는다(그림 2).

결론적으로 상대가 직선으로 강하게 공격하는 것을 남자 선수가 받고, 대각선으로 체공 시간이 길게 오는 것을 여자 선수가 받도록 위치하면 된다. 즉, 상대편 남자 선수와 우리편 여자 선수가 대각으로 서 있는 자세가 바람직하다.

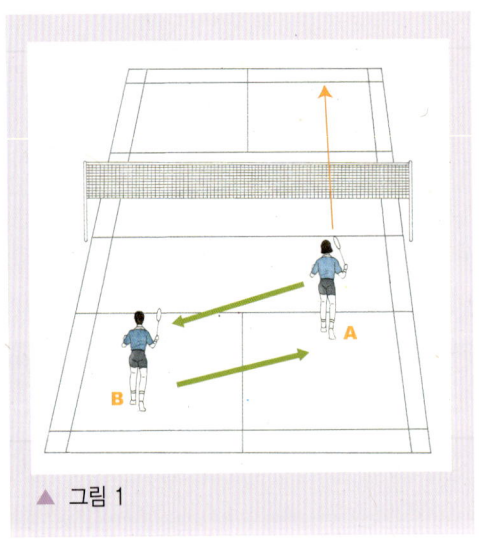

▲ 그림 1

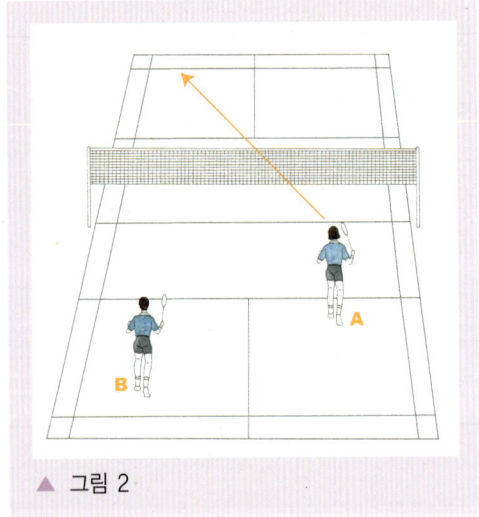

▲ 그림 2

남자 선수의 리프트에 의한 좌, 우측 로테이션

남자 선수 B가 상대 코트에 직선으로 리프트하면, A와 B는 그대로 위치한다(그림 3). 반면에 B가 대각선으로 리프트하면 여자 선수 A는 왼쪽 코트로, 남자 선수 B는 오른쪽 코트로 이동한다(그림 4). 이것 또한 남자 선수는 직선, 여자 선수는 대각선 원칙에 맞춘 것이다.

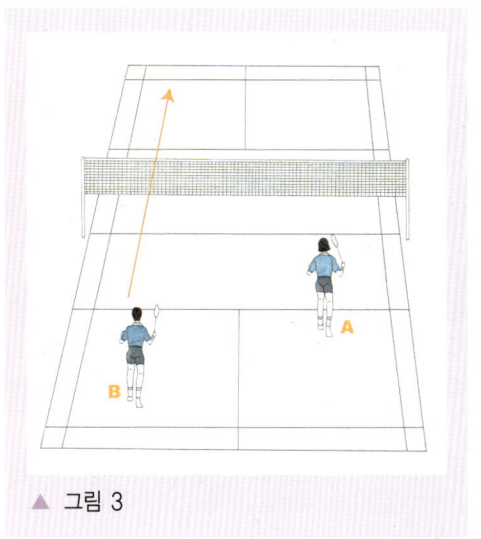
▲ 그림 3

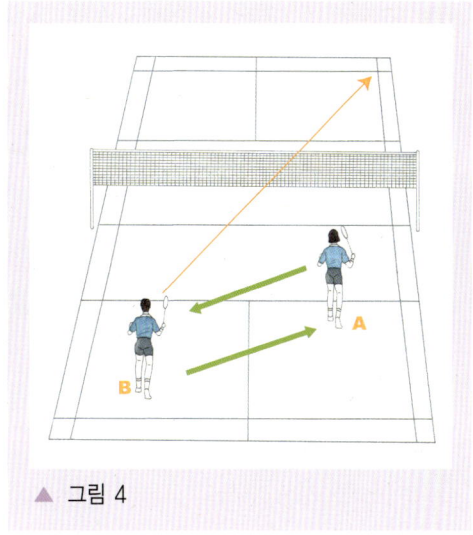
▲ 그림 4

 **환상의 로테이션**

　선수 시절 나와 김문수 선수와의 로테이션은 반복적인 훈련을 통해 이루어졌다. 우리 복식조의 특징은 나는 오른손잡이에 네트 플레이와 중간볼을 잡아채는 능력이 상대를 압도하였으며, 김문수 선수는 왼손잡이에 후위에서 높은 섬프를 이용한 강력한 공격력이 일품이었다.

　이렇게 각자의 특징을 살리기 위해서 어느 상황에서 나는 앞으로 이동하고 파트너인 김문수 선수는 후위로 빠져야 하는지를 서로의 느낌만으로도 자연스럽게 알 수 있었다. 이러한 자연스러운 로테이션이야말로 완벽한 준비 자세를 통해서 이루어졌고 이는 곧 정확한 공격과 수비로 직결되었다. 로테이션을 잘하기 위해서 가장 중요한 부분은 자신만 잘 치려고 하는 것 보다는 파트너의 위치와 특징을 파악하면서 경기를 운영하는 것이다. 그래야 자연스럽고 환상적인 로테이션이 이루어지는 것이다.

Tatics for Winning

상대 특징에 따른 대응 전략

:: 단식에서의 상대 특징에 따른 대응 전략

Case 1 스매시 파워가 좋은 상대일 경우

상대방 스매시가 강하면 셔틀콕을 띄웠을 경우 위협을 느끼게 되고, 경기하기가 매우 어려워진다. 이러한 위협감을 줄이기 위해서는 셔틀콕을 올릴 때 상대가 좋은 자세에서 때리지 못하도록 좌우로 움직이게 만들거나 셔틀콕의 높낮이를 조절하여 타이밍을 뺏는 것이 좋다.

Case 2 수비가 좋은 상대일 경우

수비가 강한 상대를 만났다면 무리한 공격보다는 찬스를 만들어 기회를 노리되 코스를 잘 노리고 때리는 것이 좋다. 강하게 때리는 것보다는 하프 스매시 등으로 기회를 엿보다가 흐트러짐이 보일 때 강하게 스매시한다. 체력에 자신이 있으면 클리어나 드롭샷 등으로 같이 스트로크하면서 체력전을 펼치는 방법도 있다.

Case 3 키가 큰 상대일 경우

상대가 장신이면 하이 클리어의 높이에 주의해야 한다. 하이 클리어가 너무 높게 들어가면 오히려 상대가 스매시할 기회를 주게된다. 키가 크면 타점도 높으므로 하이 클리어로 막으려다 자칫하면 기회를 만들어주기 쉽다.

또한 숏 서브 라인에 키가 큰 선수가 있으면 위압감을 느껴 서브를 안전하게만 넣게 되어 오히려 상대가 치기 좋게 된다. 키가 큰 상대와 대전할수록 서브는 용기를 갖고 네트 부근을 노리며, 복식에서도 클리어는 가능한 멀리 높게 보내도록 한다.

Case 4 실력이 우월한 상대일 경우

자신보다 월등한 기량을 지닌 선수라면 지는 것은 어쩔 수 없다. 그러나 자신의 주무기를 염두에 두고 강한 정신력을 가져야 한다. 가령 스코어 차이가 많이 나더라도 동점만 만들면 이길 수 있다는 생각을 해야 한다. 다시말해 공격을 한번이라도 더 성공시켜 경기를 지속시키는 노력을 해야 한다. 자신이 구사할 수 있는 기술을 최대한 발휘할 수 있다면 상대의 기량에 따라서는 간혹 중반까지는 접전이 이루어질 수도 있다. 이런 마음가짐으로 해 나가면 상대의 마음이 초조해질 수도 있고 예상 밖의 경기 결과가 나올 수도 있다.

Case 5 왼손잡이 상대일 경우

과거에는 왼손잡이 대부분이 오른손으로 교정하는 경우가 많았지만 최근에는 무리하게 오른손으로 바꾸지 않고 왼손잡이의 장점을 살리는 경우가 많다.

배드민턴뿐만 아니라 모든 스포츠에서 왼손잡이라는 것은 큰 장점이다. 왜냐하면 왼손잡이와 연습할 기회나 실전에서 만날 기회가 적기 때문에 낯설기 때문이다.

특히 왼손잡이가 대각선으로 치는 스매시를 읽기 어렵다고 한다. 그렇지 않아도 치기 힘든 백핸드 쪽으로 오면 자신의 모습을 거울로 보고있듯이 느껴지므로 당황하는 것이다.

이에 대해서는 많은 연습을 통해 익숙해지는 수밖에 없다. 또한 셔틀콕의 깃털이 꽂혀있는 방향이 오른손잡이에 비해 스핀이 더 잘 걸린다는 역설도 있다.

그러므로 왼손잡이에게 익숙해지는 것이 중요하다. 평상시 상대의 백핸드 쪽으로 치는 타구가 왼손잡이에게는 치기 쉬운 포핸드로 된다는 점도 염두에 두어야 한다. 그러므로 상대가 왼손잡이일 때는 항상 반대로 공략한다는 것을 잊지 말자.

오른손잡이가 상대의 백핸드 쪽으로 치는 것이 습관화되어 좀처럼 바꾸기는 힘들 겠지만 노력해 볼 가치는 있다.

복식에서의 파트너 특징에 따른 대응 전략

Case 1 실력이 자신보다 좋은 파트너일 경우

상대방이 자신에게 공격해 온다는 것을 인지하고 준비를 빨리 하고, 되도록 앞으로 들어갈 수 있는 기회를 포착해 파트너에게 공격의 기회를 제공하는 것이 좋다.

Case 2 실력이 자신보다 못한 파트너인 경우

파트너가 실수를 많이 할 것임을 인지하고 실수를 했을 때 화를 내기보다는 격려해주는 것이 자신감을 갖도록 하는 데 도움이 된다. 그리고 파트너에게 쉬운 공이 가게끔 무리한 공격은 피하고 정확한 스트로크로 대응하는 것이 좋다.

Case 3 공격적이고 후위 공격이 좋은 파트너인 경우

파트너가 뒤에서 공격할 수 있도록 전위를 담당해서 후위 공격수에게 공격할 수 있는 기회를 많이 만들어 준다.

Case 4 공격형 또는 수비형 파트너인 경우

사실 공격형과 수비형을 특별히 구분할 필요는 없다. 일반적으로 수비형 선수라고 해도 강타를 날리지 못하면 상대의 실수를 유도할 수 없고, 공격형 선수라고 해도 리시브가 약하면 공격 기회조차 만들 수 없기 때문이다. 따라서 공격력과 수비력이 조화를 이루어야 한다.

굳이 말하자면 두 명 중 어느 쪽이 리시브에 강하고 어느 쪽이 강타에 능한지는 구분될 것이다. 수비형은 파트너에게 치기 쉬운 타구가 되돌아오도록 구종에 신경을 쓰고 공격형은 힘으로만 치지 말고 완급을 잘 조절하는 것이 필요하다. 지치지 않도록 힘을 잘 배분하여 리시브할 여력도 남기도록 하자.

Case 5 한 명이 계속 공격당할 경우

파트너의 체력이 많이 떨어지거나 리시브가 약하면 집중적으로 공격을 당하기 마련이다. 상대편은 상대적으로 약한 파트너를 좌우로 달리게 하거나 페인트로 속이는 등 다양한 방법으로 공격을 가한다. 이에 대응하기 위한 방법 중 하나가 의도적으로 포지션을 바꾸는 것이다.

예를 들어 후위에서 계속 움직이다 체력이 떨어졌을 때는 상대의 네트 앞에 떨어뜨린다. 이후 자신이 앞으로 나오면 파트너가 후위로 빠질 것이다. 리시브에 약한 백핸드 쪽만 공격당할 때는 오른쪽 사이드로 돌고 백핸드 쪽은 파트너의 도움을 빌리면 된다.

복식에서는 파트너의 기량이나 체력, 동작 전환 등 상황에 따라 서로를 도와주는 호흡이 이루어져야 한다.

 과거와 현재의 복식 스타일의 차이

과거와 현재의 경기 스타일은 약간의 변화를 가져왔다. 나와 김문수선수가 한창 선수 생활을 하던 1980~1992년 올림픽 때까지의 복식경기 스타일은 나름대로 특징을 가지고 있었다.

당시 세계복식 4강으로는 중국의 리용보-티안빙이 조의 강력한 공격과 빠른 스피드를 겸비한 전형적인 공격 스타일, 인도네시아의 구나완-하루토노 조의 공수의 조화를 같이 이끌었던 복식조 스타일, 말레이시아의 유명한 시덱형제 조의 전형적인 수비 스타일, 그리고 나와 김문수 선수의 빠른 스피드를 겸한 공수를 같이 이용한 스타일의 복식조였다.

당시 우리의 복식은 말레이시아나 인도네시아 조에 비해 스피드가 우수하여 상대를 보다 여유롭게 공략할 수 있었다. 역대 전적에서도 이들 두 나라의 복식조에게는 절대적인 우위를 점하였었다.

그러나 중국의 유명한 리용보-티안빙이 조는 무척이나 껄끄러웠던 우리의 최고의 라이벌이었다. 앞에서 언급하였듯이 이들의 빠른 스피드를 이용한 강한 공격과 드라이브를 이용한 네트 플레이는 상대에게 위압감을 주기 때문에 손목 자체가 항상 긴장 상태를 유지하게 만들어 정확한 스트로크를 보내는 데 많은 어려움을 겪었던 기억이 난다.

따라서 이들 복식조에 대항하기 위하여 빠름과 느림 그리고 강함과 약함을 적절히 사용하는 전략으로 대응하여 상대의 타이밍을 뺏는 경기 운영을 했다. 그 당시

이 4조의 복식조들은 경기 스타일이 각각 달라서 상대에 따라 작전과 전략이 수정되어 변화를 주면서 경기를 펼쳤어야 했다.

그렇다면 현재의 복식경기는 어떤 방향으로 흘러가고 있는지 살펴보자.

지난 4년 동안 남자 복식은 한국과 인도네시아의 독주 하에 중국, 말레이시아, 덴마크가 상위권을 유지하고 있다. 특히 지난 4년 동안의 경기 스타일을 분석해보면 80, 90년대에 비해 스피드와 파워가 상당히 발전되어 드라이브와 스매시가 주를 이루는 스트로크를 이용하여 상대를 제압하였다. 특히 이러한 플레이 자체는 한국, 인도네시아, 중국 등 아시아 선수들이 거의 흡사하였다. 따라서 이러한 파워와 스피드가 갖추어져 있지 않으면 상대를 따라 잡기는 무척 힘들었다.

반면에 이러한 플레이는 시작과 동시에 보는 관중으로 하여금 탄성을 자아내게 하였으나 이러한 경기가 경기 내내 단순하게 진행됨으로써 보는 관중으로 하여금 여러 가지 작전과 게임의 변화를 즐길 수 있는 욕구를 충족시켜 주지 못했다.

이러한 흐름 속에 2003년도 세계선수권 남자 복식에서 덴마크가 우승을 차지함으로써 20년 가까이 아시아의 전유물이었던 남자 복식에 새로운 센세이션을 일으키며 경기 내용에 변화를 가져오는 하나의 계기가 되었다고 생각된다.

이들의 플레이는 현 세계적 추세의 스피드와 파워에 나름대로의 강약을 조절하는 변화된 경기 운영을 가미시킴으로써 상대의 흐름과 타이밍을 빼앗아 주도권을 가지고 경기를 운영해 나가는 스타일이다.

Appendix

1. 나의 배드민턴 인생
2. 배드민턴 용어 사전

나의 배드민턴 인생

◯ 배드민턴과의 운명적 만남

1964년 전주에서 태어난 나는 고등학교 시절 연식정구 선수로 뛰셨던 186cm의 신장에 탁월한 신체 조건을 가지신 아버지의 피를 물려받았다. 4남 2녀 중 막내였던 나는 외모와는 다르게 어려서부터 승부욕이 매우 강해 구슬치기나 딱지치기를 하면 늘 이기는 방법을 생각해서 반드시 이기곤 했다.

1971년 아버지가 교직 생활을 하고 계시는 전주 풍남초등학교에 입학하였다. 그 당시 아버지는 이듬해부터 시작되는 전국 소년체육대회에 대비하여 배드민턴부를 창설하여 지도하고 계셨다.

이것이 내가 배드민턴과 만나는 운명적 계기가 된 것일까……

매일 오후 강당에서는 배드민턴 연습이 한창이었는데, 선배들이 라켓으로 셔틀콕을 치는 모습은 배드민턴 라켓조차 잡아보지 못한 어린 나에게 너무나도 신기한 광경이었다.

그때까지만 해도 어려서 아버지와 함께 있는 것이 좋았고, 신기한 광경을 구경하는 것이 재미있어서 나는 매일 오후 강당으로 향했다. 강당에서 선배들이 연습하는 모습을 보면서 자연스럽게 라켓과 셔틀콕을 만져보곤 했다. 당시 1학년이었던 나의

**아버지는 내가 다니던 초등학교에서 배드민턴을 지도하고 계셨다.
이것이 내가 배드민턴과 만나는 운명적 계기가 된 것일까……**

키는 배드민턴 라켓만큼 작았지만 간혹 아버지께서 라켓을 쥐어주고 셔틀콕을 던져주면 라켓에 맞춰 보는 것이 그렇게 재미있을 수가 없었다.

3학년 때 5, 6학년 선배들과 라켓놀이를 하는데 온 정신이 팔렸고, 4학년 때에는 선배들과 시합을 해도 결코 밀리지 않아 제법 잘한다는 소리를 듣곤 했다.

5학년 때인 1975년은 부산에서 제4회 전국소년체전이 열렸고, 나는 전라북도 대표팀으로 출전하여 결승전에서 충청북도 대표팀을 3:2로 이겨 단체전 우승의 영광을 안게 되었다. 그러나 이듬해 전국 소년체전에서 배드민턴을 비롯해 몇몇 종목이 폐지되면서 학교에서의 훈련이 중지되고 말았다.

그러나 당시에 실내 강당이 없어서 풍남초등학교에서 연습하고 있던 전주농고 선수들의 잔심부름을 하면서 연습을 계속할 수 있었고, 그 해 서울에서 열린 전국 종별 선수권대회에서 단식 우승을 하게 되었다.

생애 처음 출전한 제4회 전국소년체전에서 단체전 우승의 영광을 안았다. 이때부터 나의 배드민턴 인생은 시작되었다.

◯ 고1 때 국가대표로 발탁되고…

중학교에 진학하게 되면서 배드민턴 인생에서의 첫 번째 갈등을 겪게 되었다. 부모님께서는 내가 배드민턴을 계속할 것인가에 대해서 고민을 하셨다. 왜냐하면 그

나의 배드민턴 인생

당시만 해도 배드민턴은 비인기 종목이었기 때문에 테니스로 바꾸는 것에 대해 많이 고민하셨다. 그러나 결국 배드민턴 지정학교인 전주 서중학교에 특기생으로 진학하면서 배드민턴을 계속할 수 있게 되었다.

중학교 시절 가장 고마웠던 것은 당시 교장 선생님께서 학업과 운동 사이에서 고민하고 계셨던 부모님의 뜻을 헤아려주신 부분이다. 국어, 영어, 수학, 과학 등 4과목 수업이 오후에 있을 경우에는 다른 교실로 이동하면서 공부할 수 있도록 배려해주셨고, 체육주임 선생님은 훈련이 끝난 밤에 선생님댁으로 부르셔서 영어와 수학 과외 지도를 받도록 해주셨다. 이렇게 주위 분들의 전폭적인 배려 속에서 나는 학업과 배드민턴을 열심히 병행할 수 있었다.

그러나 고등학교 진학 문제로 다시 한번 큰 갈등을 하게 되었고 아버지는 운동을 평생 동안 하기가 어렵다는 사실을 누구보다 잘 알고 계셨기 때문에 인문계 고등학교 진학을 원하셨다. 그러나 그 당시 전라북도에는 배드민턴을 할 수 있는 학교가 전주농고 뿐이어서 한때 명문 고등학교에서 팀 창단 계획까지도 추진되었으나 결국에는 없던 일로 되었고 전주농고에 진학하게 되면서 나의 배드민턴 인생은 계속되었다.

지금 생각해보면 고등학교 진학 문제로 갈등하는 와중에 전주농고 선수들과의 훈련은 나의 배드민턴 인생에 새로운 장을 열어주었고, 그것이 1980년 4월 대구에서 열린 전국 종별 선수권대회에서 고등학교 랭킹 선두권을 유지하던 기라성 같은 선배들을 물리치고 배드민턴 사상 최초의 고등학교 1학년 우승자로 화제가 된 것이었다.

그 해 나는 충주공고가 주축이 된 한·일 고교 교환경기에 한국대표로 참가하게 되어 일본의 고교 랭킹 1위(3학년)와의 경기에서 승리함으로써 일본 배드민턴 전문잡지에 대서특필되었다. 귀국 후에 안 사실이지만 일본측에서 비공식 유학제의도 있었다고 한다. 그리고 가을에 열린 국가대표 선발전에 고 1로는 유일하게 참가하였는데 국가대표로 공식 선발되는 영광을 안고 태릉선수촌에서 합숙 훈련에 돌입하게 되었다.

고1 때 한일 고교 교환경기에서 일본 고교 랭킹 1위를 물리치며 일본에서 대서특필되고, 그 해 가을 국가대표가 되었다.

합숙 후에는 대표팀 막내로서 애로 사항도 많았으며 그때만 해도 선배들의 불호령이 그렇게 무서울 수가 없었다. 그렇게 대표팀 합숙 생활을 하던 중 1982년 봄 30회 덴마크오픈에 이은구 선배와 한국 남자배드민턴 사상 처음으로 참가하게 되었다.

당시 대한배드민턴협회에서는 예선이나 통과하여 본선에만 진입하면 성공이라는 생각이 지배적이었기 때문에 우리는 부담 없이 참가할 수 있었다. 그러나 막상 경기에 임해서는 악전고투를 벌였으며 예선부터 올라가 우승을 하게 되는 이변을 연출하며 배드민턴 계를 깜짝 놀라게 했다. 그리고 곧이어 인도에서 열린 '82 뉴델리 아시안게임에 참가하여 복식과 단체전에서 각각 동메달을 획득했다.

○ 한국 배드민턴 사상 첫 세계선수권대회 우승 그리고 계속된 세계 제패

1983년은 김문수 선수와 복식조의 인연을 맺은 뜻깊은 해였다. 그 당시 이은구 선수는 나보다 6년 선배로서 앞으로 복식조로 호흡을 맞추는 데에는 연차가 걸림돌이 되었기 때문에 김문수 선수와 조를 이루게 되었고, 함께 출전한 첫 대회가 말레이시아에서 열린 3회 월드컵대회였다. 우리는 이 대회에서 생각지도 못한 우승을

나의 배드민턴 인생

　하게 되었고, 이때부터 10년 파트너의 기틀이 다져지게 되었다. 물론 김문수 선수와 복식조로 활동하는 동안 단식에서도 꾸준히 활동하여 국내 106연승을 이루며 찬사를 받았다. 이때에는 주로 진해선수촌에서 훈련을 계속하였는데 그 당시 나는 '86 아시안게임을 제1차 지상과제로 정하고 끊임없이 연습하였다.

　1984년과 85년은 '86 아시안게임을 앞둔 시점에서 나의 이름을 세계에 떨칠 수 있었던 두 해였다. 1984년 1월의 일본오픈, 3월의 전영오픈 등 권위있는 대회에서 연달아 우승하여 나의 영광은 물론 우리 나라가 배드민턴 강국임을 과시하게 되었고, 전세계 각종 오픈대회에 초청을 받게 되었다. 특히 1985년 캐나다 캘거리에서 열렸던 4회 세계선수권대회는 나의 배드민턴 인생에 하나의 큰 획을 긋는 계기가 되었다.

　김문수 선수와의 복식은 어느 정도 우승 가능성이 있었기에 전력을 쏟아 준비하였고, 마침내 한국 배드민턴 역사상 처음으로 세계선수권대회 우승이라는 영광을 안게 되었다. 당시 감격의 눈물을 참지 못했던 기억이 아직도 생생하다. 더욱이 유상희 선수와 조를 이룬 혼합복식에서도 의외로 승승장구하여 해외 원정경기 사상 첫 우승의 기쁨을 안고 2관왕에 오르는 기염을 토했다.

**나와 김문수 선수는 한국 배드민턴 역사상 처음으로
세계선수권대회 우승을 하며 배드민턴 역사에 한 획을 그었다.**

캐나다 교포들은 이구동성으로 한국인이 캐나다에 온 이후 가장 큰 쾌거라며 기쁨을 나누었다. 나는 그들의 모습을 보면서 미약한 존재인 내가 교포들에게는 큰 힘이 되었다는 생각을 하니 앞으로 더욱 더 정진해야겠다는 의지가 솟구쳤다.

세계선수권대회 첫 우승을 계기로 체육훈장 맹호장을 수여받는 영광을 안았고(그 전에 체육포장과 체육훈장 기린장을 받았었다), 이때부터 체육연금도 받게 되었다. 드디어 1986년 서울 아시안게임이 개최되었고, 우리는 남자 단체전에서 숙적 인도네시아 대표팀과 중국 대표팀을 연파하며 우승을 일구었다. 또한 남자복식과 처음으로 호흡을 맞춘 정명희 선수와의 혼합복식마저 우승하여 나는 3관왕의 영예와 함께 체육훈장 청룡상을 받게 되었다.

○ 시련의 시기를 거쳐…

영광의 1986년이 지나고 1987년 1월 초 대만오픈에 단식으로 출전하라는 협회의 결정이 내려졌다. 협회가 '86 아시안게임 단체전에서 당시 남자단식 세계 랭킹 1위였던 쟈오지아화를 2:0 스트레이트로 이긴 것을 보고 단식 세계 제패를 목표로 한 결정이었다. 그러나 결승전에서 허리 부상으로 인해 준우승에 그쳤고, 이로 인해 대만오픈에 이어 벌어진 일본오픈에는 출전을 포기해야하는 사태가 벌어지게 되었다. 허리 부상을 치료하기 위해 여러 가지 검사를 했으나 의료진은 운동을 쉬는 길밖에 없다는 공통된 진단을 내렸다.

이로 인해 약 5개월간 심한 운동을 중지하고 기본 훈련만을 하게 되었다. 이렇게 1987년의 전반기는 내 인생에서 가장 암울하게 지나가고 있었다.

나의 배드민턴 인생

그러나 이 기간은 나에게 새로운 깨달음을 주었다. 즉, 선수는 자기 몸은 스스로 관리하는 길 밖에 없다는 것을 절실하게 깨달았고 당시 전국의 유명한 병원이란 병원은 다 찾아다닐 때 가장 답답해하는 사람은 부모님과 나 자신뿐이었다.

결국 허리 부상이 호전되면서 1987년 후반기에 다시 복식으로 복귀하였고 1988년 서울 올림픽 전시종목에 정명희 선수와 혼합복식에 출전하여 우승하게 되었다.

그러나 1989년 북경 세계선수권대회와 1990년 북경 아시안게임은 나에게 새로운 시련을 안겨주었으며, 성적은 아시안게임 혼합복식 우승에 그쳐야 했다. 이때부터 부모님은 현역 은퇴를 신중하게 고려하기 시작하셨다.

**부상 회복 후의 성적은 아시안게임 혼합복식 우승에 그쳐야 했다.
이때부터 부모님은 현역 은퇴를 신중하게 고려하기 시작하셨다.**

하지만 은퇴 결정이 그리 쉬운 것은 아니었다. 1991년 세계선수권대회가 덴마크에서 열린 데다가 1월에는 서울에서 제1회 코리아오픈이 열리게 되었으며, 1992년 올림픽부터 배드민턴이 정식 종목으로 채택된 것이다. 따라서 은퇴 문제는 신중할 수밖에 없었다. 결국 주위의 권고와 국가에 대한 마지막 봉사라는 마음으로 은퇴는 '92 바르셀로나 올림픽 이후로 미루게 되었다.

1991년 일본오픈과 처음 열린 코리아오픈에서 남자단식과 혼합복식에 각각 김문수 선수, 정명희 선수와 조를 이루고 참가하여 우승하게 되었다. 이어 5월에 나와 인연이 깊은 덴마크에서 세계선수권대회 개인전과 혼합 단체전이 열리게 되었다.

나는 단체전에서 남자복식과 혼합복식에서 승리하며 세계대회 단체전 우승에 결정적 역할을 했고, 김문수 선수와의 남자복식과 정명희 선수와의 혼합복식도 우승하여 세계선수권대회 3관왕을 이루게 되었다.

1991년 말에 세계선수권 복식부문 최다 우승 기록이 기네스북에 올랐는데 당분간은 나의 복식부문 5회 우승 기록은 유지될 것으로 보인다. 이때 선수로서는 가장 영광스러운 대한민국 체육상을 받게 되었다.

1964년 생인 나는 세계선수권 우승의 해인 1991년이 우리 나이로 28세였기 때문에 체력의 한계를 차츰 느끼게 되었고, 1992년 바르셀로나 올림픽까지 체력이 유지될 수 있을 지 의구심이 강하게 들게 되었다. 설상가상으로 1991년 말에 심한 식중독과 함께 빈혈 증세까지 나타나 사실상 훈련이 중단하게 되었다.

1992년 일본오픈에 참가신청은 해놓았지만 불참하게 되었고, 곧이어 열린 제1회 코리아오픈도 몸 상태로는 출전할 상황이 아니었다. 그러나 고국 팬들에 대한 보답과 우리 나라 배드민턴 붐 조성을 위해 출전하여 스매시 한 번 제대로 휘둘러보지도 못했지만 수비 위주의 게임을 펼쳐 간신히 우승하게 되었다. 그때까지 올림픽 출전 랭킹은 1위를 유지하고 있었고, 보름에 한번씩 병원에서 검사를 받으며 약을 복용하고 치료를 계속 받은 결과 점차 회복세를 보였다.

3월에 열린 전영오픈을 비롯해 유럽서키트는 대회 비중 상 출전하는 것이 당연하였으나 계속되는 치료와 훈련부족으로 참가를 포기하였고, 결국에는 3월말 올림픽 랭킹이 2위로 처지고 말았다.

토너먼트 경기에서 1번 시드는 2번 시드에 비해 월등히 유리한 조건을 갖기 때문에 랭킹 하락은 나에게는 큰 실망이었다. 그러나 올림픽 금메달을 목표로 한다면

나의 배드민턴 인생

1991년에 세계선수권 복식부문 최다 우승으로 기네스북에 오름과 동시에 대한민국 체육상이라는 큰 영광을 안게 되었다.

최대 라이벌인 중국의 리용보/티앙빙이 조와 말레이시아의 시덱형제 조, 인도네시아의 하루토노 조, 덴마크의 룬드 조 그리고 중국의 B조인 첸캉 조를 모두 이겨야했기 때문에 해외 원정을 일체 중단하고 본격적인 체력훈련과 기술훈련을 병행하면서 올림픽에 대비하였다.

◯ 올림픽을 위한 피나는 훈련 그리고 금메달의 영광

나와 김문수 선수의 기량은 사실 세계적인 수준으로 자부하고 있었으나 문제는 무더운 현지 날씨 때문에 체력문제가 생길 수도 있다는 것이었다. 몸에 좋다는 보약도 도핑테스트 관계로 함부로 복용하지 못하고(결국 1주일간의 검사 끝에 출국 직전 조금 복용하였다), 진해에서 태릉으로 훈련 장소를 옮겨 그야말로 인간의 한계에 도전하는 훈련을 계속 했다.

무더운 날씨에 적응하는 훈련을 하기 위해 보통 26~27℃인 체육관 실내 온도를 히터를 이용하여 32~33℃로 높여 7월중에 훈련하였다면 믿을 사람이 있을까. 세계 정상, 특히 올림픽 정상에의 길은 험난하기만 하고 피를 말리는 고된 훈련의 연속이었다. 프레올림픽이 올림픽 전에 바르셀로나 현지에서 개최되어 답사도 할 겸 1992년 첫 해외 원정을 나갔고, 중국대표팀이 불참하여 별 무리 없이 우승하며 현지 적응 훈련을 다녀왔다.

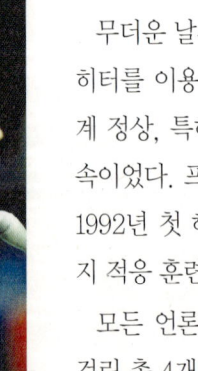

모든 언론에서 남자복식 우승을 기정사실로 보도하고, 체육회 측도 배드민턴에 걸린 총 4개의 금메달 중 남녀복식 우승은 확실한 것으로 대대적으로 홍보하자 부담감은 더해갔다.

더욱이 1992년에는 일체의 해외 원정을 중단했고 올림픽 남자복식 랭킹 마저 2위로 내려앉아 모든 언론이 우승을 논하면서도 한 가닥 우려를 비치고 있었다.

　1992년 7월 18일 장도에 올라 현지 훈련이 계속되는 동안 김문수 선수와의 콤비네이션이 평상시와 같지 않아 며칠간 감독님의 애를 태우게 되었다. 그러나 다행히 최종 랭킹 결정에서 우리가 1위로 올라가고 인도네시아가 2위, 말레이시아가 3위, 중국이 4위 시드를 배정 받아 대진표를 작성하게 되었다.

　우리는 1회전에 부전승을 거두고, 2회전(16강전)에서 까다로운 난적인 중국 B조인 첸캉 조와 맞붙게 되었다. 몸이 체 풀리기도 전에 어이없이 첫 세트를 내준 후 2, 3 세트를 내리 이겨 올림픽 경기 중 가장 어려운 고비를 넘겼고, 준결승에서 예상대로 올라온 말레이시아의 시덱형제 조를 이겼다. 그리고 마침내 결승에서 인도네시아의 하루토노 조를 2:0으로 제압하여 감격의 금메달을 목에 걸게 되었다.

　애국가가 울려 퍼지는 가운데 올라가는 태극기를 보며, 나는 배드민턴 인생의 정상에서 서서 국가와 감독님을 비롯해 지도해주신 선생님들, 선배, 동료들, 그리고 가족들에게 한없는 감사를 드리며 나도 모르게 눈물을 흘렸다.

● 은퇴와 복귀의 연속

　1992 바르셀로나 올림픽에서 금메달을 딴 후 나는 현역에서 은퇴를 했다. 그리고 한국 체육대학교에서 조교로서 학생들을 지도하고 있을 즈음에 대한배드민턴협회는 1993년 버밍햄 세계혼합단체전을 위해 복귀를 강력하게 요청하였다. 그러나 당시 명예롭게 은퇴한 상태에서 다시 복귀하는 것이 결코 쉽지는 않았다. 하지만 세계혼합단체전 2연패를 위한 협회의 끈질긴 요청을 거절할 수 없었고 결국 7개월만에 국가대표로 복귀하여 2연패를 이루게 되었다.

바르셀로나 올림픽에서 금메달을 목에 거는 순간 나의 배드민턴 인생이 주마등처럼 지나가며 감격의 눈물을 감출 수가 없었다.

나의 배드민턴 인생

이후에 다시 지도자 수업에 전념하면서 조교, 전임강사, 조교수를 거치면서 후배들을 지도하게 되었다. 이렇게 지도자 생활을 하고 있을 때 1996년 애틀랜타 올림픽에 혼합복식이 정식 종목으로 채택되었다. 당시 후배인 김동문, 길영아 선수가 세계 상위권을 유지하면서 메달을 향한 꿈을 키우며 열심히 훈련하고 있었다. 그러나 협회에서는 나를 다시 한번 복귀시켜 후배들과 함께 확실하게 금메달을 획득하기를 요청하였다.

그 때는 이미 바르셀로나 올림픽 당시 나와 파트너였던 정명희 선수가 혼합복식에서 세계 랭킹 1위를 오랫동안 유지하고 있었으면서도 정식종목으로 채택되지 못한 큰 아쉬움 속에 은퇴를 한 상태였다. 결국 나는 협회의 간곡한 요청으로 라경민 선수와 조를 이루고 복귀하여 후배들인 김동문, 길영아 조가 금메달을 획득하고 나와 라경민 선수는 은메달을 획득한 후 2번의 은퇴와 복귀를 반복한 끝에 진정한 지도자의 길을 걷게 되었다.

● 영국과 말레이시아에서의 지도자 생활

1996년 올림픽 직후 배드민턴 종주국인 영국에서 국가대표팀 감독 제의가 들어왔다. 고민 끝에 나는 보다 넓은 지도자 경험을 하기 위해 제의를 받아들였고 이듬해 영국으로 가게 되었다. 그 때부터 생소한 유럽에서의 생활은 힘겹게 시작되었고 외로움과의 싸움이 반복되었다.

**배드민턴 종주국 영국과 배드민턴에 전국민이 열광하는
말레이시아에서의 지도자 생활은 나에게 값진 경험이었다.**

영국은 우리 나라와 훈련 스타일이 판이하게 달라 처음에는 매우 혼란스러웠다. 우리 나라의 뚜렷한 목표와 강력한 훈련 스타일과는 달리 영국에서는 훈련에 있어서 너무나 자율적이었고, 개인 훈련과 자유로운 사생활이 인정되었다. 나는 이러한 스타일에 한국적 특성을 접목시키면서 이들의 특성을 살리기 위해 많은 노력을 기울였다. 그 결과 유럽선수권 대회에서 8년만에 남자복식 우승과 100주년 기념 전영오픈 혼합복식에서 영국선수들이 우승하는 쾌거를 이루었다. 그리고 '98 코펜하겐 세계선수권대회에서 아시아 선수들의 전유물인 남자복식에서 동메달, 혼합복식에서 은메달이라는 값진 수확을 거두었다.

이렇게 하여 2년 반 동안의 영국 대표팀 생활을 마감하고 배드민턴이 국기나 다름없는 말레이시아 협회의 요청으로 1999년 10월부터 말레이시아 국가대표팀을 맡게 되었다. 당시 말레이시아 협회장은 국방부 장관이었으며 고문은 마하티르 수상의 부인이었다.

말레이시아에서의 배드민턴은 항상 신문의 스포츠 섹션의 톱을 장식하였으며 나 자신뿐만 아니라 선수들의 일거수 일투족이 뉴스의 초점이 되었다. 또한 정부의 적극적인 지원 속에 성적에 대한 부담감은 엄청났다. 이 또한 한국에서 느껴보지 못했던 인기 종목으로써의 지나친 관심 때문이었다.

영연방 국가인 말레이시아 선수들 역시 그들만의 자율성을 요구하면서 훈련을 하길 원했다. 이러한 선수들을 통솔하는 것도 쉽지 않은 문제였지만 어떠한 훈련을 하던 결국에는 결과가 말해줄 뿐이었다. 이렇게 3년 반 동안의 말레이시아 대표팀을 맡으면서 기억에 남는 대회로는 2001년 동남아시안 게임에서 영원한 라이벌인 인도네시아를 단체전에서 10년만에 꺾고 우승하였던 기억과 2002년 영연방 게임에서 역대 대회 최고인 4개의 금메달을 획득한 것인데 아직도 기억이 생생하다.

반면에 가장 아쉬웠던 대회는 세계선수권 남자단체전(토마스컵, 축구의 월드컵과 같은 대회)에서 주최국 중국을 준결승에서 이기고 인도네시아에 2:3으로 역전패

나의 배드민턴 인생

했던 것인데, 이 대회는 말레이시아 생활 중 두고두고 아쉬웠던 대회였다. 이 대회는 말레이시아의 전 국민이 시청했다고 할 정도로 관심이 대단했던 대회였다. 이렇듯 말레이시아에서의 3년 반 동안의 대표팀 생활은 한국에서 느껴보지 못했던 인기 종목으로써의 스포트라이트와 함께 성적에 대한 스트레스를 동시에 겪었던 지도자로서의 새로운 경험이었다.

● 나의 배드민턴 인생

오늘의 나는 스스로의 행운에 감사하며 오늘의 내가 있기까지를 회상해보았다. 오늘의 내가 있기까지는 첫째, 한창 엘리트 스포츠 붐이 일었고 소년체전이라는 행사 등 시대적 환경을 좋게 만난 것과 둘째, 훌륭한 지도자 선생님들의 헌신적인 지도를 받을 수 있었다는 것이다. 셋째, 가정적으로 부모님을 비롯해 온 가족이 뒷바라지를 해주셨고 넷째, 내재된 재능이 일찍 발견되어 충분히 발휘할 수 있는 여건이 있었기에 가능했다고 본다.

이제 경기 인으로서 최고의 영예를 누리면서 코트를 떠나 후배들이 다시 올림픽 무대에서 태극기를 올리고 애국가가 울려 퍼지게 해야할 지도자로 배드민턴 인생을 살아갈 것이다.

아울러 마지막으로 한창 열심히 노력하고 있는 후배들에게 당부하고 싶은 말이 있다. 첫째는 성실하게 행동하라는 것이고 둘째는 정상에 서기까지 결코 중단하지 말라는 것이다. 그리고 셋째, 갈 길은 먼길이므로 결코 서두르지 말라는 것과 넷째, 남이 시켜서 하지 말고 스스로 행동하라는 것이다.

발간을 축하드립니다

김동문 김용현 길영아
라경민 박성우 박태상
방수현 이경원 이동수
이현일 유용성 정명희
정소영 손승모 하태권 (가나다순)

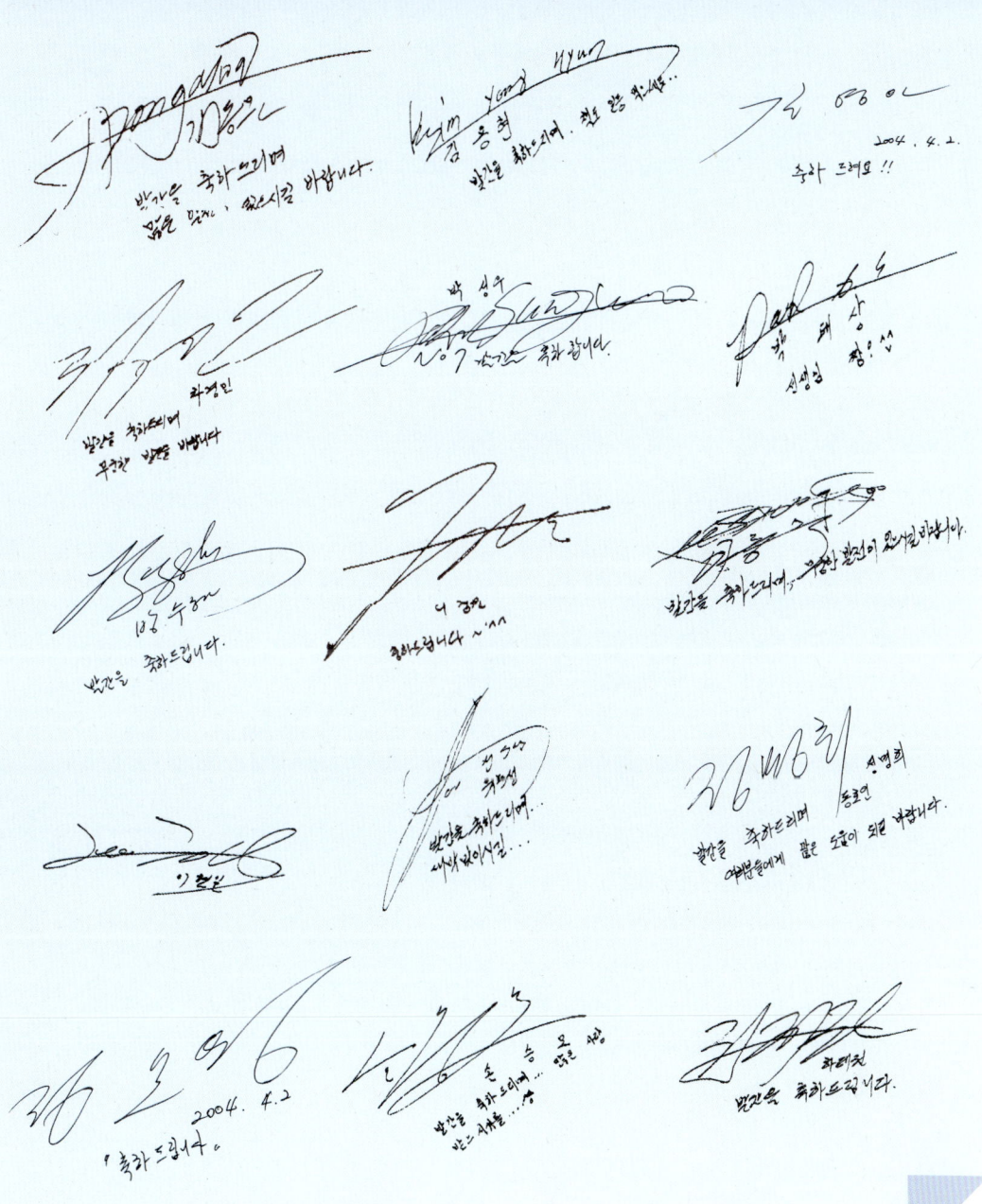

■ 배드민턴 용어 사전

게임(game) : 1게임당 3세트를 원칙으로 하고 한 세트당 21점을 먼저 득점하는 쪽이 승리한다

그립(grip) : 라켓을 잡는 부분 또는 그 부분을 잡는 방법으로, 크게 이스턴 그립(eastern grip)과 웨스턴 그립(western grip)의 두 가지 방법이 있음

거트(gut) : 라켓을 엮은 줄

굿(good) : 셔틀콕이 코트 안에 바르게 들어갔을 때를 말하며, 정식 표현은 라이트 인(right in)

네트 플라이트(net flight) : 네트 가까이에서 타구하는 방법을 총칭하는 용어로 셔틀콕이 네트를 넘자마자 곧바로 꽂히듯 낙하하는 플라이트

네트 플레이(net play) : 네트 앞에서 셔틀콕을 치는 경기 운영 방법

네트 인(net in) : 셔틀콕이 네트에 맞고 상대편 코트로 넘어가는 것

다이애거널(diagonal) : 복식 포메이션의 일종으로 엔드를 대각선으로 나누어 삼각형인 구역을 분담하는 것

더블 터치(double touch) : 복식 경기 중에 셔틀콕을 자기 편끼리 연속해서 치는 것

드라이브(drive) : 네트에 닿을 정도로 날아가서 상대 코트에 뜨지 않고 가라앉는 타구

드라이브 랠리(drive rally) : 양 사이드로 서로 주고받는 드라이브

드라이브 서브(drive serve) : 가장 효과적인 서브로 어깨 높이로, 셔틀콕이 네트 위를 스칠듯이 코트 바닥면과 나란히 날아가는 서브

드롭(drop) : 네트 바로 앞으로 천천히 떨어지는 타구

드리븐 서브(driven serve) : 코트 위를 낮게 날아가는 서브

드리븐 클리어(driven clear) : 낮으면서 빠른 공격적인 클리어

드리블(dribble) : 라켓으로 셔틀콕을 연속해서 두 번 이상 치는 것

디셉션(deception) : 페인트를 하거나 셔틀콕을 맞추는 순간까지 샷의 방향과 속도를 위장함으로써 자기의 의도를 상대가 깨닫지 못하도록 상대를 속이는 기술

디펜스(defense) : 방어

라운드 더 헤드 스트로크(round the head stroke) : 백핸드 쪽 위로 날아오는 셔틀콕을 포핸드 스트로크로 치기 위해 어깨를 뒤로 돌려서 타구하는 것

라인 크로스(line cross) : 서브할 때 서버, 혹은 리시버가 서비스 라인을 밟거나 넘어서는 것

랠리(rally) : 셔틀콕을 서로 치고 받는 것

러시(rush) : 셔틀콕을 친 후 또는 셔틀콕을 치기 위해 네트 앞으로 달려가는 것 또는 그 자세

레트(let) : 예기치 않은 우발적 사고가 발생했을 경우 심판이 경기를 중지시키는 것. 레트가 선언되면 플레이는 무효 처리

로브(rob) : 아래에서 위로 셔틀콕을 쳐 올려 상대의 머리 위로 지나가게 하는 타법

롱서브 라인(long service line) : 서브 코트의 뒤쪽에 가로로 그은 경계선. 즉, 단식경기의 롱서브 라인은 백 바운더리 라인과 일치하고 복식경기에서는 백바운더리 라인에서 앞으로 76cm 떨어진 선을 지칭

롱하이 서브(long high serve) : 단식 게임에서 셔틀콕을 롱 서브라인까지 높고 멀리 날리는 서브

리액션 스텝(reaction step) : 어떤 방향으로 발을 크게 내딛으려고 하기 전에 순간적으로 반대쪽 방향으로 작고 짧은 스텝을 밟아주는 것

리치(reach) : 팔을 뻗었을 때 닿을 수 있는 거리

리턴(return) : 반구

리프트(lift) : 라켓을 들어올리듯이 셔틀콕을 치는 것

라켓 헤드(racket head) : 라켓의 거트를 친 타원형 부분 전체

매치(match) : 시합. 총 3게임 중 2게임을 선취하는 쪽이 그 매치의 승리자

매치 포인트(match point) : 승부를 결정하는 최후의 1점

미트(meet) : 임팩트 순간

믹스(mix) : 남녀 혼합의 복식게임

반구 : 상대의 서브나 리시브를 받아쳐 상대의 코트로 볼을 되돌리는 것이나 그 볼

백 바운더리 라인(back boundary line) : 코트 후방의 네트와 평행하게 그려진 엔드 라인

백 스윙(back swing) : 라켓 후방 부분에 대한 스윙

■ 배드민턴 용어 사전

백핸드 스트로크(back hand stroke) : 라켓을 쥐지 않은 쪽으로 온 셔틀콕을 받아치기 위한 타법
버드(bird) : 셔틀콕의 별칭
보디 어택(body attack) : 상대의 몸 쪽을 향해 셔틀콕을 날리는 타법
보크(balk) : 상대를 현혹시키기 위해 큰 소리를 지르는 등의 반칙 행위나 서버가 서브 자세에 들어갔다가 헛 스윙을 치는 등의 행위
복식경기 : 2인 1조로 경기를 진행하는 것. 더블스

사이드 바이 사이드(side by side) : 코트를 좌우로 양분하여 수비하는 복식의 주요 포메이션
사이드 라인(side line) : 코트를 둘러싼 라인 중에서 가장 긴 13.4m 되는 바깥 라인
사이드 아웃(side out) : 셔틀콕이 엔드 라인 밖으로 나가는 것
사이드 암 스트로크(side arm stroke) : 몸의 옆 쪽에 네트 높이 정도로 오는 셔틀콕을 치는 타법
서버(server) : 서브를 하는 플레이어
서브(serve) : 공격측이 먼저 상대 코트에 셔틀콕을 날리는 것이나 그 볼. 서비스와 같은 말
서브 에어리어(service area) : 서브를 할 때 셔틀콕을 보낼 수 있는 상대 코트의 영역
서브 코트(service court) : 서브 라인, 센터 라인, 사이드 라인으로 둘러싸인 지역. 단 복식에서는 크기가 다름
서비스(service) : 서브
세이프티 에어리어(safety area) : 코트에서의 안전지대
세팅(setting) : 21점 게임에서 20:20 동점일 경우, 2점을 연속하여 득점한 쪽이 승리한다. 2점을 연속해서 득점하지 못하여 29:29까지 경기가 진행되면 먼저 30점에 도달한 쪽이 승리한다
센터 라인(center line) : 서브 코트를 둘로 나누고 있는 경계선
셔틀콕(shuttle cock) : 깃털 공, 흔히 셔틀이라고 해도 무방
세이크핸드 그립(shake hand grip) : 라켓을 악수하듯이 쥐는 그립
숏서브(short service) : 상대 코트에 짧게 들어가는 서브
숏서브 라인(short service line) : 네트에 평행하게 그어진 두 개의 라인으로 네트에 가장 가까운 선
스매시(smash) : 스피드가 있고 날카롭게 파고드는 공격용 타법
스매시 리시브(smash receive) : 상대의 빠른 공격을 빠르게 받아치는 것
스웨이(sway) : 몸 쪽으로 날아오는 셔틀콕을 피하기 위해 상반신을 재빨리 옆쪽으로 움직이는 것
스윙(swing) : 라켓을 휘두르는 방법
스킵(skip) : 발을 바꾸면서 한쪽 발로 껑충껑충 뛰어 앞으로 나가는 것

스트레이트(straight) : 볼이 똑바로 날아가도록 치는 타법

스트레이트 스매시(straight smash) : 셔틀콕이 상대 코트에 직선으로 꽂히도록 치는 빠른 공격 또는 그 방법

스트로크(stroke) : 라켓을 휘두르는 것

스트링(string) : 거트와 같은 뜻

스플릿(split) : 몸을 회전시키듯이 하여 다리를 교차시키면서 뒤쪽으로 이동하는 풋워크

슬라이스(slice) : 라켓을 시계 방향이나 시계 반대 방향으로 재빠르게 돌려 셔틀콕을 깎아내듯 치는 타법

슬라이스 커트(slice cut) : 셔틀콕을 깎아내듯 치되 힘을 주고 짧게 침으로써 셔틀콕에 빠른 회전을 주는 타법

싱글 게임(single game) : 1 대 1 게임, 단식게임

아웃(out) : 코트 바깥으로 셔틀콕이 떨어지는 것

아웃 사이드(out side) : 서브를 받는 사람이나 팀을 지칭. 정식 표현은 아웃 오브 사이드(out of side)

아웃 오브 핸드 서브(out of hand serve) : 라켓으로 셔틀콕을 맞추는 순간까지 셔틀콕을 손에 쥐고 있다가 행하는 서브

앤티시페이션(anticipation) : 게임 중 상대의 의도를 미리 간파하여 다음 동장을 스스로 예측하는 것

엘리(alley) : 단식 경기의 사이드 라인과 복식 경기의 사이드 라인 사이의 좁고 긴 구역. 정식 표현은 사이드 앨리(side alley)

어시스트(assist) : 파트너가 득점 찬스를 잡을 수 있도록 볼을 쳐주는 일

언더 암 스트로크(under arm stroke) : 낮은 타구점의 셔틀콕을 치기 위해 라켓을 허리 아래 지점에서 위로 휘두르는 것

언더 핸드 스트로크(under hand stroke) : 네트 근처에 떨어지는 셔틀콕을 치기 위해 라켓을 휘두르는 것

언더 핸드 클리어(under hand clear) : 네트 근처에 떨어지는 셔틀콕을 높게 통겨 올려 멀리 보내는 타법

에이스(ace) : 득점을 거둔 샷

엔드(end) : 센터 네트를 경계로 하여 둘 중 어느 한쪽의 코트

엔드 라인(end line) : 코트 끝 쪽 라인

오버 더 네트(over the net) : 라켓이나 몸의 일부가 네트를 넘는 것 또는 셔틀콕이 네트를 넘기 전에 치는 것으로 반칙

오버 헤드 스트로크(over hand stroke) : 라켓을 머리 위로 올려 셔틀콕을 위에서 아래로 내려치듯이 받아 치는 타법

오펜스(offense) : 공격

오포넌트 코트(opponent court) : 상대의 코트

■ 배드민턴 용어 사전

올(all) : 양쪽의 점수가 같은 경우. 즉, 13대 13이라면 13올, 10대 10이라면 10올
웨스턴 그립(western grip) : 라켓을 자연스럽게 쥐었을 때 라켓 면이 지면과 평행해지는 것
이스턴 그립(eastern grip) : 라켓을 자연스럽게 쥐었을 때 라켓 면이 지면과 직각이 되는 것
인터셉트(intercept) : 상대의 플라이트를 도중에서 커트하는 것
인터피어(interfere) : 공격자의 다리가 상대의 코트에 들어가 상대의 동작을 방해하는 행위
임팩트(impact) : 셔틀콕을 친 순간

체인지 엔드(change end) : 3세트 경기의 경우, 1세트 게임 종료 후와 2세트 게임 종료 후에 코트 체인지를 하고 3세트 경기에서 어느 한 선수가 11점을 선취하면 코트 체인지를 한다(21점이 1세트인 경우)
체크 스매시(check smash) : 경기자가 스매시 자세를 취한 후 라켓 머리의 속도를 갑자기 줄여서 셔틀콕을 코트 전방에 부드럽게 떨어뜨리는 것

커트(cut) : 샷의 한 가지로 머리 위로 날아오는 셔틀콕의 콜크 부분을 라켓 타면을 비스듬한 각도로 해서 끊듯이 치는 방법
콜(call) : 게임 진행 중 주심의 선고
크로스 더 네트(cross the net) : 네트 공격에 있어 좌우를 번갈아가며 공격하는 것으로 헤어핀에서 주로 사용
크로스 리시브(cross receive) : 리시브를 할 때 상대 코트의 대각선 방향으로 셔틀콕을 보내는 것
크로스 사이드(cross side) : 상대 위치에서 대각선 지점의 양끝
클리어(clear) : 상대 코트의 엔드 라인 가까이까지 높고 길게 치는 타법

타깃 에어리어(target area) : 셔틀콕을 쳐서 상대 코트에 들어가게 하고 싶은 목표 영역
터치 더 네트(touch the net) : 시합 도중에 라켓이나 몸, 옷의 일부가 네트에 닿는 반칙
터치 더 보디(touch the body) : 경기 중에 코트에서 셔틀콕이 플레이어의 옷이나 몸 등 라켓 이외의 부분에 닿는 반칙
토스(toss) : 게임 시작 전에 서브나 코트 중 하나를 선택할 권리를 결정하는 방법
토스 서브(toss service) : 셔틀콕을 몸 앞으로 비스듬히 떨어뜨리면서 하는 서브

톱 앤 백(top and back) : 복식 포메이션의 종류. 코트 전후를 양분하여 지키는 방법

파트너(partner) : 복식에서 한 조가 된 자기편
포메이션(formation) : 복식 경기에서 공격 및 수비할 때의 선수의 배치 및 동작의 형태를 지칭하는 용어로써 시스템(system)이라고도 함
포 코트(fore court) : 코트의 앞부분으로 프론트 코트(front court)라고도 하고, 대략 코트의 1/3 정도에 해당하며 네트에서부터 숏서브 라인까지의 거리(1.98m) 내의 코트를 지칭
포핸드 스트로크(fore hand stroke) : 라켓을 쥐고 있는 쪽으로 온 셔틀콕을 받아치는 타법
포인트(point) : 득점
폴트(fault) : 반칙
푸시(push) : 밀어내듯이 치는 타법
풋 폴트(foot fault) : 서브할 때에 서버나 리시버가 규정된 코트 안의 바닥에 두발을 붙이지 않는 것
풋워크(foot walk) : 발놀림의 유형. 셔틀콕을 치기 위해 이동하는 것과 홈포지션으로 복귀하는 움직임을 포함
프레임(frame) : 라켓의 틀
플라이트(flight) : 셔틀콕이 날아가는 성질과 방향. 버드 플라이트
플레이스먼트(placement) : 목적한 위치에 셔틀콕을 날리는 것
플레이어(player) : 선수

하이 백핸드 스트로크(high backhand stroke) : 어깨보다 높은 위치에서 치는 백핸드 스트로크
하이 클리어(high clear) : 엔드 라인 근처로 높고 길게 쳐보내서 엔드라인 근처에 수직으로 떨어지도록 하는 것
하프 스매시(half smash) : 예리한 각도로 아래로 향하도록 머리 위에서 내려치는 샷으로 힘을 거의 들이지 않고 셔틀콕을 가격하는 것
핸들(handle) : 라켓의 손잡이 부분
헤어핀(hairpin) : 네트 가까이에서 셔틀콕을 상대의 네트로 살짝 넘기는 타법
헤어핀 샷(hairpin shot) : 네트에 닿을 듯 말듯하게 스트레이트로 넘기는 타법
홀딩(holding) : 라켓 위에 셔틀콕을 얹어 이동하는 행위
홈포지션(home position) : 셔틀콕을 리턴시키기 위해 대기하는 최고의 장소
히트(hit) : 치는 것

삼호미디어 도서목록

스포츠

파워 농구교본
최희암 감수 | 9,000원

파워 축구교본
허정무 감수 | 9,000원

파워 배드민턴
최일현, 한성귀 감수 | 9,000원

파워 탁구교본
김충용 감수 | 9,000원

파워 야구교본
하일성 감수 | 9,000원

파워 유도교본
안병근 감수 | 9,000원

파워 볼링교본
미야타 테츠로 지음 | 9,000원

파워 수영교실
이병두 감수 | 9,000원

파워 검도교실
김영학 역저 | 9,000원

실전 공수도
타하라 게이조 지음 | 10,000원

실전 농구
이우재 편저 | 10,000원

실전 수영
이병두 감수 | 10,000원

실전 테니스
이우룡 감수 | 10,000원

실전 축구
이용수 감수 | 10,000원

마이클 오웬의 축구교실
정용환 감수 | 10,000원

박주봉의 배드민턴
박주봉 지음 | 13,000원

정통 검도교본
이종림 지음 | 25,000원

실전 격투기
최광범 외 공저 | 12,000원

실전 격투기2
최광범 외 공저 | 18,000원

NEW 수영교본
시모야마 요시미츠 지음 | 20,000원

NEW 농구교본
오노 슈지 지음 | 15,000원

NEW 농구교본(개인전술편)
히다카 데쓰로 지음 | 15,000원

NEW 축구교본(네덜란드편)
하야시 마사토 지음 | 15,000원

NEW 축구교본(스페인편)
시미즈 히데토 지음 | 15,000원

NEW 테니스교본
가미야 가쓰노리 지음 | 15,000원

NEW 마라톤교본
가와고에 마나부 지음 | 15,000원

NEW 배드민턴교본
마스다 케이타 지음 | 15,000원

NEW 검도교본
고다 구니히데 지음 | 15,000원

투수 가이드
타카하시 요시마사 지음 | 16,000원

타자 가이드
타카하시 요시마사 지음 | 16,000원

공수주를 마스터하는 토털야구가이드
에토 쇼조 지음 | 15,000원

현정화의 퍼펙트 탁구 교본
현정화 지음 | 16,000원

레저

자전거 100% 즐기기
허형무 지음 | 13,000원

등산 가이드
유정열 지음 | 10,000원

산악자전거 가이드
네드 오버렌드 지음 | 13,000원

MTB 정비가이드
멜 알우드 지음 | 10,000원

실전 스키 레슨 70
일본스키교사협회 지음 | 12,000원

스노보드
와타나베 신이치 지음 | 12,000원

스노보드 프리스타일 트릭 매뉴얼
니시 페더촐리 외 공저 | 18,000원

처음 배우는 스노보드 매뉴얼
묘코산스노보드스쿨 지음 | 14,000원

양귀문 실전당구-4구
양귀문 지음 | 9,000원

골프

데이비드 리드베터의 100%골프
데이비드 리드베터 지음 | 25,000원

데이비드 리드베터의 포인트 레슨
데이비드 리드베터 지음 | 10,000원

싱글로 가는 원포인트 레슨①
이상무 지음 | 10,000원

싱글로 가는 원포인트 레슨②
이상무 지음 | 10,000원

초보자를 위한 골프스윙의 원리
이근택 지음 | 15,000원

임진한 원포인트 클리닉
임진한 지음 | 18,000원

골프스윙의 기본
임진한 감수 | 15,000원

실전 골프스윙 입문
김종욱 감수 | 15,000원

파워 골프입문
김종욱 감수 | 10,000원

아이언 레슨
이노우에 토오루 지음 | 18,000원

드라이버 레슨
이노우에 토오루 지음 | 18,000원

어프로치&퍼팅 레슨
이노우에 토오루 지음 | 18,000원

읽기만 해도 10타는 줄이는 원포인트 레슨 30
미야자토 마사루 지음 | 10,000원

아이언 완성
카나이 세이이치 지음 | 10,000원

스윙 플레인의 원리
짐 하디 외 공저 | 13,000원

주말골퍼 문제해결 100가지
강병주 지음 | 15,000원

필드 정복 프로젝트
김재환 지음 | 20,000원

심플 스윙으로 100타 깨기
타니 마사키 지음 | 20,000원

내 생애 최고의 골프 레슨
골프매거진 지음 | 30,000원

내 생애 최고의 스윙 완성
골프매거진 지음 | 30,000원

고덕호 실전 골프 레슨
고덕호 지음 | 25,000원

이상무의 왕초보 골프 가이드
이상무 지음 | 13,000원

이상무의 색즉시공
이상무 지음 | 13,500원

여성을 위한 골프 가이드(입문편)
요시무라 후미에 지음 | 13,000원

여성을 위한 골프 가이드(실전편)
요시무라 후미에 지음 | 14,000원

톰 왓슨 골프 레슨
톰 왓슨 지음 | 30,000원

보디빌딩·헬스

근육운동가이드 프로페셔널
프레데릭 데라비에 외 지음 | 28,000원

근육운동가이드 프리웨이트
프레데릭 데라비에 외 지음 | 24,000원

NEW 근육운동가이드
프레데릭 데라비에 지음 | 22,000원

복근운동가이드
머슬앤피트니스 지음 | 15,000원

짐 바이블
마이클 메지아 외 공저 | 25,000원

파워 바디 플랜
이안 킹·로 슐러 공저 | 25,000원

파워 웨이트 트레이닝
안종철 감수 | 9,000원

아나토미 복근 트레이닝
프레데릭 데라비에 지음 | 20,000원

아나토미 스트레칭 가이드
프레데릭 데라비에 지음 | 18,000원

마스터 웨이트 트레이닝
티에리 브레델 지음 | 22,000원

트레이너 싸이먼의 9주 바디 플랜
싸이먼 지음 | 16,800원

건강

눈 2주의 기적
김정희 지음 | 13,000원

자세교정 억지로 하지 마라
고이케 요시타카 지음 | 13,000원

리듬식사 다이어트
모리 유카코 지음 | 12,000원

피곤하지 않은 몸 만들기
후지모토 야스시 지음 | 12,000원

원시인 식사법
사카타니 히로유키 지음 | 14,000원

생강이 약이다
이시하라 유미 지음 | 11,000원

실패 없는 아침주스 다이어트
후지이 카에 지음 | 12,000원

암, 꼭 알아야 할 치료·영양 가이드
분당서울대학교병원 지음 | 22,000

수면습관이 건강을 좌우한다
카지무라 나오후미 지음 | 11,000원

음식이 병을 만들고 음식이 병을 고친다
이시하라 유미 지음 | 12,000원

울음 참으면 병된다
한광일, 김선호 공저 | 12,000원

나이를 지우는 여성 건강법
이시하라 유미 지음 | 11,000원

남자 병 안 걸리고 사는 법
이시하라 유미 지음 | 12,000원

혈류가 좋으면 왜 건강해지는가?
이시하라 유미 지음 | 13,000원

쉽고 간단하게 치료하는 고혈압
하야시 야스시 지음 | 13,800원

뇌 건강에 좋은 약선 뇌졸중 식단 가이드
경희대학교 임상영양연구소, 조여원,
임현정 공저 | 20,000원

보이지 않는 힘
가와시마 아키라 지음 | 13,000원

건강 수명 연장의 비밀 씹는 힘
사이토 이치로 지음 | 12,000원

소리없이 찾아오는 극심한 고통 통풍
가와이 신이치 지음 | 12,000원

내 몸 독소 내보내기
이시하라 유미 지음 | 12,000원

암 치료에 꼭 필요한 암 식단 가이드
연세암센터, CJ프레시웨이,
세브란스병원 영양팀 공저 | 15,000원

병이 달아나는 신건강법
아보 도오루 외 공저 | 11,000원

체온이 생로병사를 결정한다
마위에링 지음 | 12,000원

제대로 먹어야 암을 이긴다
김형미 지음 | 11,000원

마트 재료로 보약 만들기
최병갑 지음 | 11,000원

마음의 병 불안ㆍ걱정 치유법
채드 르쥔느 지음 | 12,000원

음식독보다 더 무서운 경피독
오모리 다카시 지음 | 10,000원

제대로 먹어야 몸이 산다
최병갑 지음 | 12,000원

몸이 따뜻해야 몸이 산다
이시하라 유미 지음 | 10,000원

내 몸을 지키는 건강비법 100가지
이시하라 유미 지음 | 10,000원

콜레스테롤을 낮추면 125세까지 살 수 있다
류병호 지음 | 10,000원

마늘, 제대로 알고 먹자
류병호 지음 | 10,000원

웃음치료법
한광일 지음 | 13,000원

스트레스치료법
한광일 지음 | 12,000원

병에 걸린 후 꼭 필요한 88가지 어드바이스
모리모토 미사코 지음 | 10,000원

암재발, 더 이상은 없다
후쿠다 카즈노리 지음 | 12,000원

대장암
사하라 리키사부로 지음 | 12,000원

당뇨에 참 좋은 맛있는 밥상
장혜주 지음 | 18,000원

당뇨병
아사노 츠구요시 지음 | 12,000원

내 몸을 살리는 먹거리 상식
이미숙 지음 | 10,000원

병이 되는 버릇 약이 되는 습관
민태원 지음 | 10,000원

하루 10분 전신마사지
쉬에웨이궈 지음 | 18,000원

관절 강화 프로그램
크리스티안 예셀 지음 | 10,000원

셀룰라이트 다이어트
야마다 미쓰토시 지음 | 10,000원

바둑

이창호 정통 바둑 1~15
이창호 지음 | 각권 8,000원

이창호 어린이바둑교실 1~5
이창호 지음 | 각권 11,000원

바둑사활 1000제(상)
왕쯔펑, 허쥔펑 공저 | 16,000원

바둑사활 1000제(하)
왕쯔펑, 허쥔펑 공저 | 16,000원

한자자격시험

한 번에 합격하는 한자자격시험 1급
김시현 외 공저 | 18,000원

한 번에 합격하는 한자자격시험 2급
김시현 지음 | 15,000원

한 번에 합격하는 한자자격시험 3급
김시현 지음 | 12,000원

한 번에 합격하는 한자자격시험 4급
김시현 지음 | 10,000원

한 번에 합격하는 한자자격시험 5급
김시현 지음 | 10,000원

한 번에 합격하는 한자자격시험 6급
김시현 지음 | 9,000원

한 번에 합격하는 한자자격시험 7ㆍ8급
김시현 지음 | 9,000원

한 번에 합격하는 한자자격시험 실전문제집 1급
김시현 외 공저 | 10,000원

한 번에 합격하는 한자자격시험 실전문제집 2급
김시현 지음 | 8,000원

한 번에 합격하는 한자자격시험 실전문제집 3급
김시현 지음 | 8,000원

한 번에 합격하는 한자자격시험 실전문제집 4급
김시현 지음 | 8,000원

한 번에 합격하는 한자자격시험 실전문제집 5급
김시현 지음 | 8,000원

한 번에 합격하는 한자자격시험 실전문제집 6급
김시현 지음 | 8,000원

한 번에 합격하는 한자자격시험 실전문제집 7ㆍ8급
김시현 지음 | 8,000원

취미. 실용

NEW 레크리에이션
한광일 지음 | 15,000원

종합 레크리에이션
김한섭 외 공저 | 12,000원

마술백과
드림매직 감수 | 9,000원

레크리에이션@이벤트
박홍세 외 공저 | 10,000원

마술핸드북① 카드마술편
N.아인혼 지음 | 10,000원

마술핸드북② 생활마술편
N.아인혼 지음 | 10,000원

마술핸드북③ 소품마술편
N.아인혼 지음 | 10,000원

마술핸드북④ 클로즈업마술&착시마술편
N.아인혼 지음 | 10,000원

마술핸드북⑤ 스턴트와퍼즐마술&파티마술편
N.아인혼 지음 | 10,000원

마술핸드북⑥ 스테이지마술&일루전마술
N.아인혼 지음 | 10,000원

즐거운 종이입체공예(동물원편)
고토 케이 지음 | 10,000원

즐거운 종이입체공예(수족관편)
고토 케이 지음 | 10,000원

세계 포커 챔피언 케빈 송의 실전 포커
케빈 송 지음 | 13,000원

와인 안주 레시피
우에노 미에코 지음 | 12,000원

생활 속의 종이 오리기 백과
주부의 벗사 편집부 지음 | 12,000원

강아지 칭찬 트레이닝
야자키 준 지음 | 13,000원

재봉이 좋은 시간
기도코로 미키 지음 | 15,000원

자수가 좋은 시간
신성출판사 편집부 지음 | 15,000원

한권으로 끝내는 만화 캐릭터 그리기
키스 스패로 지음 | 18,000원

빛, 바람, 동선이 좋은 집짓기
주부의벗사 지음 | 13,800원

아이템 인테리어 룰
성미당출판 편집부 지음 | 13,800원

부드럽고 입기 편한 우리 아이 옷
일본보그사 지음 | 14,800원

원예

초보자를 위한 분재
이종석 감수 | 10,000원

초보자도 쉽게 즐기는 미니분재
야마다 카오리 지음 | 13,000원

알기 쉬운 분재
김수경 지음 | 10,000원

방에서 키우는 싱싱 채소
요시도 히오리 지음 | 11,000원

단행본

칸트의 말
하야마 나카바 지음 | 12,000원

초역 니체의 말2
시라토리 하루히코 지음 | 13,000원

초역 니체의 말
시라토리 하루히코 지음 | 12,000원

초역 논어의 말
나가오 다케시 지음 | 12,000원

초역 괴테의 말
나가오 다케시 지음 | 12,000원

대륙의 리더 시진핑
가오샤오 지음 | 20,000원

아이를 변화시키는 좋은 습관
오야노 치카라 지음 | 12,000원

영어몰입교육, 어떻게 준비할까?
쉐리 리 지음 | 11,000원

찰나의 외면
이병진 지음 | 12,000원

칭짱철도 여행
왕목 지음 | 13,000원

우리는 실크로드로 간다
김경태 외 공저 | 12,000원

작은 이야기 큰 진리
한빙 지음 | 10,000원

셔틀콕의 황제
박주봉의 배드민턴

1판 1쇄 | 2004년 5월 3일
1판 17쇄 | 2016년 1월 15일
저　　자 | 박 주 봉
발 행 인 | 김 인 태
발 행 처 | 삼호미디어
등　　록 | 1993년 10월 12일 제21-494호
주　　소 | 서울특별시 서초구 바우뫼로41길 18 원원센터 4층
　　　　　www.samhomedia.com
전　　화 | (02)544-9456
팩　　스 | (02)512-3593

ISBN 978-89-7849-293-5 03690

© 2004, 박주봉 · (주) GF스포츠
출판사의 허락없이 무단 복제와 무단 전재를 금합니다.

잘못된 책은 바꿔 드립니다.

*모델 : 양희만, 왕주영
*용품협찬 : (주) GF스포츠, 비트로(주식회사 학산)
*장소협찬 : 잠전초등학교